WOK around the clock

thailändisches Kochbuch mit 130 Thai Food, Curry, Nudeln, Reis und Streetfood Rezepten

02. Mai 2020

Sanya Saiyong

ISBN: 979-8642503140

cute cuisine

Inhaltsverzeichnis

Einleitung

Liebe Leserinnen und Leser,

Thailand besticht nicht nur mit seinen freundlichen Menschen, den herrlichen Stränden und einem exotischen Ambiente, sondern vor allem durch seine hervorragende Küche. Im Gegensatz zu vielen europäischen Kochkulturen ist die Thai Küche bekömmlich, leicht und einfach nachzukochen. Obendrein ist sie kalorienarm, verwendet kaum Salz und wenig Fett, was sich sehr positiv auf die Gesundheit auswirkt.

Das oberste Kochgebot in Thailand lautet Frische. Daher verwenden die Thais nur ganz frische Zutaten von bester Qualität. Das macht die thailändischen Gerichte nicht nur super gesund, sondern überdies schwierige, aufwendige Rezepte völlig unnötig. Selbst eingefleischte Kochmuffel kommen hier mit Sicherheit auf den Geschmack.

Apropos Geschmack – die thailändische Küche bietet wahre Geschmacksexplosionen, da sie auf ein ausgewogenes Verhältnis von süß, sauer, salzig und insbesondere scharf achtet. Das kommt dem europäischen Gaumen zugute, für den selbst mäßig scharfes Thai Food schon zu viel sein kann. Daher achten die Thais stets darauf, dass auch sehr scharfe Gerichte ein kühlendes Element enthalten. Ausgewogenheit gehört ebenfalls zu den Maximen der Thai Küche.

In diesem Kochbuch findet ihr neben Grundrezepten für das thailändische Grundnahrungsmittel Reis und den typischen Currys zahlreiche Rezepte für Vorspeisen und Finger Food, Suppen, Salate, Hauptgerichte, für Desserts und erfrischende Thai Getränke.

Anders als wir Europäer, die standardgemäß drei Hauptmahlzeiten am Tag essen, gönnen sich Thais bis zu sieben Mal am Tag, das Vergnügen, kleine Portionen ihrer wunderbaren Küche zu genießen. In Thailand isst man, wenn man Hunger hat und nicht, weil es gerade zwölf Uhr mittags geschlagen hat.

Zum Frühstück isst der Thai meist eine Suppe oder Reis. Danach kann er, bedingt durch die allgegenwärtigen Garküchen und Straßenstände, immer essen, wann er Lust hat und wonach ihm der Sinn steht.

Da eher kleinere Portionen gegessen werden, wird die Verzehrgröße der Zutaten auch diesem Anspruch angepasst. Sie werden so klein geschnitten oder gehackt, dass Messer und Gabel in der Thai Küche überflüssig sind. Der Löffel ist hier das Maß, mit dem auch hauptsächlich gegessen wird.

Der thailändische Speisezettel ist ausbalanciert und reich an Kräutern und Gewürzen. Er enthält traditionell viel Fisch, Meeresfrüchte, Reis und Gemüse. Hühner-, Schweine- und Rindfleisch wird meist zu besonderen Gelegenheiten oder an Feiertagen gegessen. Die Zutaten der Thai Küche sind vielfältig, mitunter exotisch, können aber durchaus dem europäischen Geschmack angepasst werden. Zudem bieten mittlerweile auch bei uns viele Asia Märkte oder darauf spezialisierte Onlineshops die benötigten Zutaten für den originalen Genuss an. Eine Übersicht über die gebräuchlichsten Lebensmittel, Gewürze und Kräuter ist in diesem Rezeptbuch natürlich vorhanden.

Einige Grundzutaten sollten jedoch stets berücksichtigt werden. Ihr Austausch würde das typische Aroma der thailändischen Küche nämlich komplett verfälschen. Dazu gehören das Thai Basilikum, Galgant, Zitronengras, Kaffir-Limettenblätter, Chilischoten, Austernsauce, Fischsauce, Palmzucker, Garnelenpaste, Tamarinde und Koriander. Diese müssen einfach sein. Stellt also sicher, liebe Leserinnen und Leser, dass ihr an diese Zutaten problemlos herankommt, damit euch euer selbst gekochtes thailändisches Essen genauso gut wie im Urlaub schmeckt.

Was die typischen Kochgeräte der Thai Küche, Wok und Holzkohlengrill, betrifft, seid ihr schon flexibler. Zu Anfang darf es auch nur die große Pfanne statt des Woks sein. Wer aber seine Liebe für thailändische Gerichte erst einmal entdeckt hat, wird gewiss gerne in ein traditionelles Kochgerät investieren. Welche Gerätschaften ihr braucht, findet ihr ebenfalls in diesem Kochbuch aufgelistet.

Zudem haben die traditionellen thailändischen Kochgerätschaften auch den Vorteil, dass die Speisen in kürzester Zeit fertig sind. Das spart nicht nur Strom, sondern das Essen behält durch die kürzere Garzeit auch mehr seiner Vitamine und Vitalstoffe. Und natürlich macht das Kochen noch mehr Freude, wenn man besondere Gerichte auch mit den passenden Kochutensilien zubereitet. Da fällt es einem leicht, sich an den Strand, die quirligen thailändischen Straßen oder den Elefantenritt durch den Urwald zu erinnern.

Warum auch immer ihr auf mein Thai Kochbuch gestoßen seid - ich wünsche euch viel Spaß beim Nachkochen und dass euch alles gut gelingt. Möge euch die leckere und gesunde Thai Küche ebenso ans Herz wachsen wie mir.

Warum wir keine Bilder verwenden

Um Verwirrungen aus dem Weg zu schaffen, wollen wir kurz erklären, warum wir uns dafür entschieden haben unsere Bücher ohne Bilder zu gestalten.

Kochbücher, sowie Bücher allgemein werden immer teurer je mehr Bilder darin enthalten sind. Durch die farbigen Bilder entsteht eine entsprechend hohe Anzahl an Buchseiten, die die Druckkosten und somit den Gesamtpreis des Buches mehr und mehr steigen lässt.

Auf der einen Seite veranschaulichen Bilder die Gerichte und sorgen für Appetit und Lust am Kochen, jedoch sieht das Endergebnis selten so aus, wie auf den Bildern und das sorgt wiederrum für Enttäuschung und die Motivation am Kochen geht verloren, was natürlich nicht passieren darf.

Bilder der perfekt servierten Gerichte sorgen dafür, dass ein Buch an Schwere, Dicke sowie Unhandlichkeit zunimmt. Das wird spätestens dann problematisch, wenn nicht genügend Platz in der Küche vorhanden ist. Des Weiteren ist ein kleines, dünnes Buch das perfekt in der Hand liegt um einiges praktischer, wenn es schnell und einfach gehen soll.

Aufgrund simpel beschriebener Rezepte benötigt unser Buch keine Bilder. Es liegt gut in der Hand und spart eine Menge Platz auf der Arbeitsfläche ein und durch die nicht vorhandenen Bilder können wir den Preis niedrig halten. Jedes Rezept benötigt nur eine Seite, dies verhindert anstrengendes Umblättern während des Kochens und sorgt für eine gute und verständliche Struktur.

Wir wünschen dir viel Spaß beim Lesen und insbesondere gutes Gelingen beim Kochen.

Die Thai Küche

In Thailand essen die Menschen gerne und viel – und das rund um die Uhr. Ohne ihr reges Leben unterbrechen zu müssen, können sie sich zu jeder Tages- und Nachtzeit an einem der unzähligen Straßenstände oder in einer kleinen Garküche etwas Leckeres zu Essen holen, denn die Auswahl an Speisen ist riesig. Für den kleinen Appetit oder den großen Hunger – beide können hier wunderbar durch das inzwischen international bekannte und beliebte thailändische Streetfood gestillt werden.

Jeder Straßenstand und jede Garküche bereitet sämtliche Zutaten selbst zu und das meist nach alten und geheimen Familienrezepturen. Ob du morgens um acht Uhr schon Suppe essen möchtest oder nach einem Zug durch die Diskotheken der Stadt nachts um Drei mit etwas Scharfem einem Kater vorbeugen willst – die Thai Küche hat auf alle diese Bedürfnisse die richtige Antwort.

Dabei ist die Thai Küche nicht als Küche aus einem Guss zu betrachten, sondern sie setzt sich aus vier Regionalküchen mit unterschiedlichen Einflüssen zusammen: die nordthailändische Regionalküche, die zentralthailändische, die man als die klassische Thaiküche kennt, die nordostthailändische sowie die südthailändische Regionalküche.

Die Thai Küche Nordthailands ist stark durch die der angrenzenden Länder Laos und Myanmar beeinflusst. Erkennbar ist das insbesondere an der häufigen Verwendung von Sticky Rice, dem sogenannten Klebreis, der wahrscheinlich aus Laos seinen Weg nach Thailand fand. Nach Myanmar hingegen weisen stark gewürzte Gulaschgerichte aus Schweinefleisch und die Verwendung von blanchiertem Gemüse.

In Zentralthailand ist die klassische Thai Küche ansässig, für die die unterschiedlichsten Curry-Gerichte typisch sind. Diese werden häufig im Wok gekocht. Generell wird in dieser Region des Landes viel Gebratenes serviert. Auch die Tom-Suppen und Yam-Salate sind hier besonders verbreitet.

Der nordöstliche Teil Thailands hingegen ist wieder stark beeinflusst vom benachbarten Laos und Kambodscha. Die sogenannte Isaanküche findet aber auch in Zentralthailand viele Anhänger. Typisch für diese Region ist ein Gericht namens Laab, bei dem es sich um einen Salat aus Schweine-, Huhn- oder Fischhack handelt. Auch bekannt ist der ungekochte, geröstete und dann zerstoßene Khao Khua Pon Reis. In Zentralthailand hat man einige Gerichte aus dem Nordosten übernommen, belässt die Zutaten aber selten roh, sondern kocht oder brät sie.

Südthailands Küche unterliegt verschiedenen Einflüssen und zeigt eine Vermischung der Thai Küche mit malayischen, chinesischen und indischen Kochstilen auf. So trifft man dort auf chinesische Reisnudeln, indische Currys oder malayische Suppen. Typisch sind auch die vielen Fischspezialitäten, da Südthailand im Osten und Westen vom Meer begrenzt wird, sowie die Roti genannten Fladenbrote, welche gerne zum Frühstück mit den unterschiedlichsten Beilagen serviert werden.

Wie Thais zuhause essen

Wie in vielen Kulturen ist das Essen auch in Thailand eine soziale Aktivität. Die Speisen werden in der Mitte des Tisches platziert und jeder kann sich davon nehmen. Anders als in westlichen Kulturen wird das Essen in Thailand immer wieder nacheinander in kleinen Portionen genommen, und wenn diese Portion aufgegessen ist, wird wieder eine kleine geholt.

Der Gedanke dahinter ist, dass wenn jeder eine kleine Portion nimmt, bleibt genug Essen für alle. Manchmal kann man dies auch in speziellen südostasiatischen Restaurants beobachten. Wenn es ein großer Tisch ist, ist es ratsam seinen Sitznachbarn zu fragen, ob man eine Speise reichen kann, falls diese zu weit entfernt auf dem Tisch platziert ist.

Für gewöhnlich essen Thais mit Löffeln und Gabeln, falls jedoch ein Nudelgericht, oder eine Suppe mit Nudeln verspeist wird, werden diese mit Stäbchen gegessen. Messer werden für gewöhnlich nicht verwendet, da die Speisen entweder bereits in kleine mundgerechte Stücke zerteilt serviert wurde, oder die Speisen von der Konsistenz her ohnehin weichgekocht sind, wie zum Beispiel Fischgerichte.

Der Gebrauch von Löffel und Gabel geht übrigens auf den thailändischen König Mongkut (Rama IV.) zurück, der in der Mitte des 19. Jahrhunderts die Sitte mit Besteck zu essen von seinen zahlreichen Reisen in den Westen mitgebracht hatte. Ursprünglich wurde in Thailand das Essen mit den Fingern gegessen, was sich durch Mongkut, auf den sich übrigens das Musical „Der Konig und Ich" bezieht, rasch änderte.

Gabel und Löffel

Wie verwendet man die Gabel und den Löffel in Thailand richtig? Ist man Rechtshänder, dann wird der Löffel in der rechten Hand, und die Gabel in der linken Hand gehalten. Die Gabel schiebt somit das Gericht in den Löffel der rechten Hand. Gegessen wird mit dem Löffel, da es Thais als unfein empfinden, die Gabel zum Mund zu führen. Eine Ausnahme bildet allerdings die Dessert- und Obstgabel. Für den Verzehr von Nudelsuppen werden häufig auch

Essstäbchen eingesetzt. Dabei wird der Löffel in der linken Hand und die Essstäbchen für das Herausfischen der Nudeln, von Gemüse und Fleischstücken in der rechten Hand gehalten. Wenn Klebreis auf dem Tisch steht, dann wird dieser für gewöhnlich direkt mit der Hand gegessen.

Thai Schärfe

Die Thai Küche hat einen legendären Ruf, was die Schärfe ihrer Gerichte betrifft. Diese geht auf die verwendeten Chilisorten und Würzpasten zurück und kann deutlich variieren. Normalerweise nehmen Thais drei bis vier Chilis pro Portion. Bei Touristen verwenden sie jedoch maximal zwei Chilis, auch wenn diese noch so sehr auf ein sehr scharfes Gericht, pet pet, bestehen. Ihr Vertrauen, dass westliche Mägen die Thai Schärfe wirklich vertragen, ist nicht sehr ausgeprägt. Mehr zu den unterschiedlichen Chilis und Currys findest du unter der Rubrik „Die wichtigsten Lebensmittel der Thai Küche".

Aufbau und Zusammensetzung von Thai Gerichten

Die Thai Küche achtet besonders darauf, dass sich ein thailändisches Menü ausgewogen zusammensetzt. Es muss stets ein Ausgleich zwischen milden und scharfen Komponenten vorhanden sein. Vor allem die Geschmacksrichtung Scharf darf niemals überwiegen. Sämtliche Speisen werden zusammen serviert und richten sich nach dem folgenden Geschmackskanon:

Etwas Frische

In der Thai Küche wird etwas Frisches wie Dips, oder Salate zu den Hauptgerichten gereicht. Viele Thai Salate haben ein wenig Limettensaft als Zutat, sodass diese etwas Frische auf den Teller bringen.

Etwas Schärfe

Thais reichen für gewöhnlich zumindest eine scharfe Speise auf den Tisch. Es sollte darauf geachtet werden, dass eine gute Harmonie der Gerichte serviert wird, und nicht alle Gerichte scharf sind.

Etwas Trockenes

Hier ist damit gemeint, dass etwas Gegrilltes oder Frittiertes auf den Tisch kommt.

Etwas Flüssiges

Man sollte immer etwas Flüssiges reichen, wie beispielsweise Currys oder Suppen. Beispielsweise etwas eher üppigeres mit Kokosmilch und etwas leichteres ohne.

Reis

Reis wird sehr häufig gereicht. Entweder kann Jasmin Reis genommen werden, oder Klebereis. Dies jedoch mit der Ausnahme, wenn Nudelgerichte auf dem Speiseplan stehen, dann kann man davon absehen.

Ausgewogenheit

Ein wichtiger Punkt ist es, eine gewisse Balance herzustellen, wobei stets etwas Fisch, etwas Gemüse und etwas Fleisch oder Eier beinhaltet sein sollten.

Thai Getränke

In Thailand kann man zwecks Löschung des Dursts, aber auch um ein gutes Getränk zu genießen, auf eine große Vielzahl an Getränken zurückgreifen. Neben Wasser, dem Durstlöscher Nummer 1, ist vor allem Bier sehr beliebt. Die Thailänder produzieren ihre eigenen Biersorten, wobei sie die Zutaten dafür größtenteils aus Europa, in erster Linie aus Deutschland, importieren.

Thai Biersorten

Die populärsten Biersorten in Thailand sind Chang, Leo und Singha, und als Import Heineken.

Das Singha Bier hat einen eher süßlichen Geschmack, 4% bis 6% Alkoholgehalt und gilt als die am meisten beworbene Biermarke Thailands. Es passt sehr gut zu scharfen Chili- und Currygerichten. Chang Bier ist vom Geschmack etwas herber als Singha Bier, weist einen Alkoholgehalt von 5,2% auf und gilt als die thailändische Kopie des Elephant Beer von Carlsberg. Leo Bier hat einen Alkoholgehalt von 5%, gilt als süffig und leicht.

Kaffee / Tee

Kaffee ist nicht so populär in Thailand wie beispielsweise in der westlichen Welt und hat oftmals einen recht hohen Preis. Wird der Kaffee kalt serviert, wird ein "yen" angehängt, bei heißem Kaffee "rorn" z. B. "gafä yen" - kalter thailändischer Kaffee. Dieser sogenannte Thaikaffee wird mit gesüßter Kondensmilch serviert. Unterwegs genießen die Thailänder gerne einen Thai Eiskaffee (Oliang) oder Eistee (Cha Yen), den sie mittels eines Strohhalms aus Plastikbeuteln trinken. Beliebt ist auch der Jasmintee Thai Raming oder der Thai Mulberry, ein Grüntee mit Maulbeerblüten. Da er die Verdauung fördert wird auch gerne ein Ingwertee (Nam Khing) nach dem Essen getrunken.

Fruchtsäfte

Frisch gepresste Fruchtsäfte sind bei den Thais fast schon Standard. Besonders gerne getrunken werden Orangensaft (Nam Som), Melonensaft (Nam Daengmoh), Ananassaft (Nam Sapperlot) und gezuckerter, verdünnter Limonensaft (Nam Manau). Und auch das Kokosnusswasser Nam Ma Prao, das direkt aus einer unreifen Kokosnuss mittels eines Strohhalms getrunken wird, gehört zu den beliebtesten Erfrischungen in Thailand.

Softdrinks

Bei den Softdrinks vertrauen die Thailänder auf die weltweit gängigen US-Marken wie Pepsi und Coca Cola sowie weitere US-amerikanische Sorten, die in Europa nicht erhältlich sind. Außerdem gibt es auch das sehr kohlensäurehaltige Singha Soda vom gleichnamigen thailändischen Bierhersteller.

Wein & Sekt

Thailändische Weine, die aus den Gegenden um Pattaya, Chiang Mai und Hua Hin stammen, gehören mittlerweile zu den besten Weinsorten im asiatischen Raum. Wer sich dennoch nicht mit ihnen anfreunden kann, greift auf das große Angebot an südafrikanischen und australischen Weinen zurück. Sekt und Champagner sind übrigens für die Thais das Gleiche. Beide werden unkonventionell in allen möglichen Gläsern mit Stiel serviert.

Longdrinks

Bei den Longdrinks tut sich insbesondere der inzwischen zum weltweiten Klassiker avancierte Cocktail Mai Tai hervor. Ihn gibt es in allen möglichen Rezeptvarianten, welche von Bar zu Bar variieren können.

Thaiwhisky

Auch auf härtere alkoholische Getränke muss man in Thailand nicht verzichten. Neben den importierten ausländischen Marken, servieren die Thailänder auch gerne den einheimischen, aus Reis hergestellten Whisky, der preislich natürlich bedeutend günstiger ist. Der Mekhong-, Song Sam- oder Xang Thip-Whisky sollte übrigens nicht für einen Whisky Cola herhalten. Die Thais servieren ihn lieber mit Limonensaft und Sprite.

Die Grundausrüstung der Thai Küche

Neben der Grundausrüstung der Küche, wie Messer, Schneidbrett und Sieb, gibt es spezifische Küchenutensilien, die du für die Zubereitung thailändischer Gerichte brauchen wirst. An erster Stelle steht dabei die Anschaffung eines Wok, bei der es einiges zu beachten gibt.

Wok

Der Wok ist ein Kochgefäß, das ursprünglich aus China stammt. Er besteht aus Gusseisen und Edelstahl und verfügt über einen ganz flach geschliffenen Boden, so dass er gut auf einer Elektrokochplatte stehen kann. Andere Modelle bestehen aus gegossenem Aluminium und besitzen eine langlebige Antihaftversiegelung, weswegen sie nicht nur auf dem Elektroherd, sondern auch auf Gas- und Kohleherden sowie direkt auf Tischkochplatten mit Warmhaltefunktion eingesetzt werden können.

Einen guten Wok kennzeichnen folgende Eigenschaften:

- dicker, gegossener Boden - stabil und unverziehbar
- robuste Antihaftbeschichtung
- dünne Wand
- breiter, dicker Rand
- Deckel mit wärmeisoliertem Griff
- geringes Eigengewicht

Seine halbrunde Form mit der dünnen, steilen Wand und dem hochgezogenen Rand erlaubt ein minutenschnelles, sowie den Nährstoffen schonendes Kochen und Garen. Die Kochhitze konzentriert sich auf den Boden, während die Wand und der Rand deutlich kühler sind und so ein Ausruhen der Zutaten von allzu heißem Schmoren ermöglichen.

Um den Wok optimal nutzen zu können, solltest du auch folgende Küchenhelfer besitzen:

- einen Dämpfeinsatz, der mitunter zum Lieferumfang eines Wok gehört
- eine Frittier- und Abtropfablage, die an den Wokrand gehängt wird, um fertige Zutaten warm zu halten und abtropfen zu lassen
- ein Spachtel bzw. Holzrührlöffel, um die Zutaten im Wok rühren zu könne, ohne Kratzer am Wokboden zu hinterlassen
- ein Schaumlöffel, um die gegarten Speisen leicht aus dem Wok zu heben

Ein Wok eignet sich perfekt für Garmethoden wie das Schmoren, Dämpfen, Pfannenrühren und Frittieren von Speisen. Er erlaubt eine schonende und minutenschnelle Zubereitung der für die thailändische Küche benötigten frischen Zutaten.

Mörser und Stößel 

Ein Mörser wird in der thailändischen Küche dafür verwendet, um darin Kräuter mit einem Stößel zu zerstoßen und mit anderen Zutaten zu vermengen. Alternativ kann dafür auch eine Küchenmaschine herangezogen werden.

Wer original thailändisch kochen möchte, verwendet aber den Mörser, der zu den wichtigsten Kochutensilien der Thai Küche gehört. Er und der Stößel bestehen aus massivem Steinmaterial und sind als Set in vielen Größen erhältlich.

Man benutzt ihn zum Zerdrücken von Chilischoten und Knoblauch oder aber, um Currypasten anzumischen. Auch für bestimmte Salate wird ein Mörser eingesetzt, hier aber aus Keramik.

Reiskocher

Aus der Thai Küche ist Reis nicht wegzudenken. Daher lohnt sich der Einsatz eines zeitsparenden Reiskochers, der den Reis auf den Punkt genau kochen kann. Im Kocher befindet sich ein antihaftbeschichteter Topf, in dem man den Reis zusammen mit der 1,5-fachen Menge an Wasser gart. Ist der Reis fertig, sollte man den Deckel öffnen und den Reis für etwa fünf Minuten abdampfen lassen, damit sich sein Aroma voll entfalten kann. Die meisten Reiskocher verfügen über eine Warmhaltefunktion, so dass ein zu starkes Abkühlen des Reis nicht befürchtet werden muss.

Nudelsieb

Das Nudelsieb, auch Schöpfsieb genannt, gelangte durch chinesische Einwanderer in die thailändische Küche. Es besteht aus rostfreiem Stahl und wird für das Kochen von Nudeln oder für das Frittieren von Speisen verwendet.

Bambusdämpfer

Den Bambusdämpfer setzt die Thai Küche für das schonende Garen von Fisch, Gemüse oder Teigtaschen (Dim Sum) sowie für die Herstellung von süßen Gerichten ein. Er setzt sich aus zwei bis vier Korbeinsätzen und einem gut schließenden Deckel zusammen. Um Speisen zu dämpfen, gibt man den Bambusdämpfer in einen großen Topf mit Wasser, das darin circa drei

Zentimeter hochstehen sollte. Beginnt das Wasser zu kochen, werden auch die im Dämpfer enthaltenen Speisen durch den aufsteigenden Wasserdampf langsam gegart. Wichtig ist es hier, stets darauf zu achten, dass sich genügend Wasser im Topf befindet.

Wok-Wender

Der Wok-Wender ist ideal für das rasche und geschickte Wenden von Speisen im bereits erhitzten Wok. Er ähnelt von seiner Form her einer Schaufel, hat einen langen Griff, um Verbrühungen zu vermeiden, und ist mit seiner flachen Kelle leicht zu handhaben.

Hackmesser

Um Gemüse, Fleisch, Fisch und Kräuter schnell schneiden und zerkleinern zu können, braucht man für die Thai Küche auf jeden Fall ein qualitativ hochwertiges Hackmesser aus Edelstahl, das mit einem Holzgriff ausgestattet ist und durch sein geringes Gewicht und seine Handlichkeit punktet.

Thai Tischgrill

Für das Zubereiten von Fisch, Fleisch und auch Gemüse oder Suppe lohnt sich der Einsatz eines Tischgrills aus Aluminium, der Muh Ka Ta genannt wird. Er erinnert ein wenig an einen europäischen Fondue-Grill und besteht aus zwei Teilen: der unteren Schale, die mit Löchern und einem etwas erhöhten Rost ausgestattet ist, und der oberen Schale, in deren Mitte sich der eigentliche Grill befindet. Dieser ist umgeben von einer vertieften, breiten Rinne. Der Grill selbst ist leicht konisch und weist in regelmäßigen Abständen wulstartige Schlitze auf.

In die untere Schale legt man glühende Kohlen auf den Rost, um den Grill zu erhitzen. Auf die Grillfläche in der Mitte der oberen Schale legt man das Grillgut wie z.B. Fleischstücke, Fisch, Meeresfrüchte oder Gemüse. In die den Grill umgebende Rinne füllt man Brühe oder Bouillon. Dadurch, dass der Grill leicht geneigt ist und die Wülste ein Abrutschen und Ankleben des Grillguts verhindern, gelangt regelmäßig Fleischsaft in die Brühe, die immer gehaltvoller wird und schließlich als leckere Suppe oder Dip konsumiert wird. Wichtig ist die hauchdünne Verarbeitung des Grillguts, das nicht dicker als fünf Millimeter sein sollte, um einen schnellen Genuss zu ermöglichen.

Der Thai Tischgrill eignet sich durch die Verwendung von Holzkohle nur für den Outdoor-Bereich. Wer gerne drinnen grillen möchte, kann auch auf einen elektrisch betriebenen Thai Tischgrill zurückgreifen. Er besitzt eine antihaftbeschichtete Grillpfanne, die spülmaschinengeeignet ist, während der Thai Grill aus Aluminium von Hand gereinigt werden muss.

Wichtige Lebensmittel der Thai Küche

Jasmin Reis

Reis ist eine, wenn nicht die zentrale Zutat der thailändischen Küche. Es wird zu sehr vielen Gerichten gereicht. Mit zu den beliebtesten Reissorten in Thailand zählt der Jasmin Reis. Gerne wird behauptet, dass er ursprünglich aus der nordöstlichen Provinz Yasothon stammt, doch finden sich auch Anbaugebiete in den Nachbarländern Vietnam und Laos. Selbst in Italien gibt es Reisfelder mit Jasmin Reis. Er zählt zur Kategorie Duftreis, der beim Kochen einen blumigen Duft entwickelt. Seine Körner sind ein wenig kleiner und er gehört zu den wenigen Reissorten, die einen leichten Eigengeschmack haben. Fertig gekocht hat er eine leicht klebrige Konsistenz, die die Thais besonders zu schätzen wissen. Es gibt den Jasmin Reis in den Qualitätsstufen Golden Rice und Bruchreis. Bei der Zubereitung sollte man kein Salz und keine Brühe ins Kochwasser geben, da der besondere Geschmack des Reis dadurch verfälscht würde. Als Beilage passt der Jasmin Reis besonders gut zu Fisch-, Fleisch- und Currygerichten. Aber auch in Salaten und für Süßspeisen findet er Anwendung.

Falls kein Jasmin Reis zur Verfügung steht, empfiehlt es sich Basmati Reis, oder andere weiße Reissorten zu verwenden.

Sticky Rice

Sticky Rice, auf Deutsch „Klebreis“ oder thailändisch Khao Niao, ist eine in der Thai Küche viel verwendete Reissorte. Typisch für den Klebreis ist das vollständige Verkleben der Reiskörner während des Dämpfens. Grund dafür ist der sehr hohe Amylopektin-Gehalt in der Stärke des Reiskorns. Dieser ist sogar höher als in dem für Milchreis benutzten Rundkornreis. Frischen Sticky Rice erkennt man im Rohzustand leicht an seinen gänzlich undurchsichtigen, matt-weißen Körnern. Er hat zudem ein hohes Quellvermögen.

Während Jasmin Reis in ungekochtem Zustand ein bisschen durchscheinend ist, ist Klebreis von leuchtend weißer Farbe. In gekochtem Zustand ist es umgekehrt, nun ist der Klebreis etwas durchscheinend, während der Jasmin Reis weiß ist.

Nudeln (Guay Tiao)

Nudeln sind eine wichtige Zutat in vielen thailändischen Gerichten. So gibt es Reisnudeln mit unterschiedlichen Breiten, Glasnudeln oder Eiernudeln. Thai Nudeln werden meist nicht aus Weizenmehl hergestellt, sondern aus Reis, Mungobohnen oder auch Algen. Ihre Garzeit ist sehr kurz und sie nehmen den Geschmack von Dips und Saucen wesentlich schneller und besser an als die europäischen Getreidenudeln.

Besonders beliebt in der Thai Küche sind Reisnudeln. Sie werden gerne in Nudelsuppen verwendet, oder man brät sie für Nudelgerichte wie das Pad Thai. Ebenfalls zu den Reisnudeln zählen die Khanom Jeen, die mit Kräutern und scharfer Currysauce gereicht werden.

Die Glasnudeln Wun Sen werden aus Mungobohnen hergestellt und im Yam Wun Sen Salat oder für klare Suppen und Brühen verwendet. Die Bami genannten Eiernudeln hingegen werden aus Weizenmehl und Eiern gefertigt. Sie werden gerne mit scharfen Chilis, Gewürzen und Kräutern serviert.

Auch die thailändische Küche greift manchmal auf Instant Nudeln zurück. Am beliebtesten sind die Mama Instantnudeln mit Gewürzölen und Geschmackspulvern sowie die Wai Wai Nudeln ohne Zusatzstoffe.

Alternativ dazu: getrocknete Asiatische Reisnudeln

Kokosmilch

Kokosmilch, nicht zu verwechseln mit Kokoswasser, hat einen etwas süßlichen Geschmack und besteht aus einem cremigen und einem flüssigen Teil. Sie macht viele thailändische Gerichte, wie Currys, Saucen, Suppen, Drinks und Desserts gehalt- und geschmackvoller. Heutzutage ist Kokosmilch in jedem größeren Supermarkt verfügbar. Die Kokoscreme erhält man, wenn man den oberen festen Teil der Kokosmilch abschöpft.

Erdnüsse

Erdnüsse finden in der Thai Küche vielseitige Verwendung. Schon die Samen dieser unterirdisch wachsenden Hülsenfrucht werden gerne geröstet oder ungeröstet gegessen. Am liebsten essen Thailänder die Erdnuss aber gekocht. So ist sie Bestandteil zahlreicher Gerichte und wird auch zu Erdnussbutter, Erdnussmus oder Erdnussöl weiterverarbeitet.

Garnelen Paste

Garnelen- oder auch Krabben Paste besteht aus fermentierten Garnelen/ Krabben und Salz. Trotz ihres durchdringenden Geruchs ist sie aus der Thai Küche nicht wegzudenken, da sie eine typische Geschmacksnote in Saucen, Suppen und Currys bringt.

Die Garnelen Paste wird in der thailändischen Küche vor allem dafür verwendet, Chili Pasten herzustellen. Beim Kauf sollte darauf geachtet werden, keine Garnelen Paste mit Sojabohnen Öl zu kaufen, da dies einen anderen Geschmack vermittelt. Beim Kauf unbedingt nach thailändischen oder vietnamesischen Varianten Ausschau halten.

Curry Paste

Die Curry Paste (Krueang Gaeng) ist eine unabkömmliche Würzzutat der berühmten Thai Currys. Es gibt sie in verschiedenen Schärfegraden, unterschiedlichen Geschmacksrichtungen sowie diversen Farben. Die Farbe sagt dann auch einiges über die Schärfe der Curry Paste aus. Die grüne Thai Curry Paste Gaeng Kiew Wan ist feurig scharf, besitzt die bekannte Thai Schärfe pet pet und besteht aus frischen grünen Chilischoten, Galgant, Knoblauch und Schalotten. Cremig scharf und damit auch für Europäer verträglicher ist die rote Thai Curry Paste Gaeng Phet. Sie wird aus roten Chilis hergestellt, die zwar scharf, aber milder als die grünen Chilischoten sind. Am mildesten ist die gelbe Thai Curry Paste Gaeng Kari, die aus getrockneten Chilischoten besteht. Weitere Curry Pasten sind die Gaeng Phanaeng, die schärfer als die gelbe Curry Paste, aber milder als die rote und grüne ist, und die Gaeng Massaman aus Südthailand, die als mittelscharf, aber sehr aromatisch eingestuft wird.

Chilipaste (Nam Prik Pao)

Diese Chilipaste wird aus getrockneten, roten Chilis hergestellt und dient als wichtige Zutat der Tom Yum Suppe sowie etlicher Wok-Gerichte. Sie zählt zu den am häufigsten verwendeten Gewürzpasten und bringt einen süßen und aromatischen Geschmack in jedes Gericht. Nam Prik Pao gibt es in verschiedenen Schärfegraden und wird oft mit Sojabohnenöl, Fischsauce, Tamarindenpaste oder Palmzucker verfeinert.

Alternative: siehe Sweet Chilisauce Rezept

Fisch Sauce

Die thailändische Fisch Sauce besteht aus fermentiertem Fisch, Krabben/ Shrimps und Salz. Da sie keinen ausgeprägten Fischgeschmack mit sich bringt, kann sie auch für Geflügel- und Fleischgerichte verwendet werden.

Es gibt nicht wirklich eine Alternative zu Fisch Sauce, wenngleich auch vegetarische Varianten von Fisch Sauce angeboten werden. Man kann Fisch Sauce durch Salz ersetzen oder, falls in dem Gericht bereits Soja Sauce vorhanden ist, entsprechend mehr Soja Sauce verwenden.

Oyster Sauce

Die Oyster Sauce bzw. Austern Sauce hat in der Thai Küche eine besondere Stellung, denn mit ihr kann man fast alle Gerichte würzen.

Sie entsteht aus einem ausgekochten Austern Extrakt, Gewürzen und Soja Sauce. Die Oyster Sauce hat eine dicke, bräunliche Konsistenz und ein süßsalziges Aroma, sodass man den damit gewürzten Speisen weniger oder gar kein Salz beifügen muss.

Sriracha Sauce

Die Sriracha Sauce ist eine nach der thailändischen Küstenstadt Si Racha benannte scharf-würzige Chili Sauce, die es in unterschiedlichen Geschmacksrichtungen und Schärfegraden gibt. Sie wird aus Chilischoten, Salz, Zucker, Essig und Knoblauch hergestellt und gerne als Dip für Gerichte mit Meeresfrüchten, Suppen und Salate verwendet.

Schwarze Bohnen Sauce

Die Schwarze Bohnen Sauce Lee Kum Kee stammt ursprünglich aus Südchina. Aufgrund ihres würzigen, etwas süßlichen Geschmacks wird sie in der Thai Küche sehr gerne für Fleisch- und Fischmarinaden, pfannengerührte und gedämpfte Fleischgerichte eingesetzt. Die Sauce ist stark konzentriert und wird aus fermentierten schwarzen Bohnen in Kombination mit verschiedenen Gewürzen hergestellt.

Soja Sauce

Obwohl es in der thailändischen Küche eine wichtige Zutat ist, ist sie nicht so essentiell wie Fischsauce. Es gibt unterschiedliche Soja Saucen:

Helle Soja Sauce

Helle Sojasauce ist salziger als dunkle Sojasauce und hat eine dünne Konsistenz und fast durchsichtige Farbe, die du gut erkennst, wenn du die Flasche auf den Kopf stellst. Diese Soja Sauce findet man unter dem Namen „Thin Soy Sauce", und sie ist weit verbreitet. Man sollte hier keine japanische Soja Sauce verwenden, da sie ein spezielles Sake Aroma enthält.

Dunkle Soja Sauce

Dunkle Sojasauce ist dickflüssiger als helle Sojasauce und wie der Name schon verrät dunkler – nahezu undurchsichtig. Zum Test kannst du eine Flasche davon kippen und wirst sehen, wie die Sauce das Glas überzieht. Sie wird länger fermentiert und schmeckt dadurch intensiver, weniger salzig und ist ein wenig süßer als ihre hellen Verwandten. Es sollte keine chinesische, sondern eine thailändische „Black Soy Sauce" verwendet werden.

Süße Soja Sauce

Süße Sojasauce ist besonders in südostasiatischen Ländern wie Malaysia, Indonesien und Thailand beliebt, wo die lokale Variante „Siew Dam" genannt wird. Die dicke, zähflüssige Sauce ist eine Mischung aus Sojasauce und Palmzucker und vollendet den Geschmack von gebratenen Nudeln und Reisgerichten perfekt.

Hoisin Sauce

Die Hoisin Sauce entstammt der kantonesisch-chinesischen und vietnamesischen Küche. Sie schmeckt süßlich und würzig, besitzt eine dunkle Farbe und eine dickflüssige Konsistenz. Die Sauce wird aus fermentierten Sojabohnen, Essig, Zucker, Chilischoten, Weizenmehl, Salz, Knoblauch und Sesamöl hergestellt. Mitunter werden ihr auch das 5-Gewürze-Pulver und Süßkartoffeln beigefügt. Verwendung findet sie vor allem bei Fleischgerichten.

Seasoning Sauce

Seasoning Sauce ist eine Würzsauce aus Thailand, und besteht aus fermentierten Sojabohnen. Sie hat einen leicht süßlichen Geschmack.

Sambal Oelek

Sambal Oelek ist eine feurig-scharfe indonesische Chilipaste, die als Würzsauce verwendet wird. Sie setzt sich aus rohen, zerhackten, roten Chilis, Essig und Salz zusammen. Sämtliche Zutaten werden dabei in einem Mörser mit dem Stößel zerkleinert.

Getrocknete Garnelen

Dried Shrimps oder getrocknete Garnelen findet man in Asia Supermärkten. Sie werden in der Thai Küche als Gewürz verwendet. Sie wurden gekocht und getrocknet und schmecken leicht süßlich und fischig. Sie halten sich für einige Wochen im Kühlschrank oder einige Monate im Gefrierfach.

Essig

Thai verwenden oft destillierten weißen Essig. Wenn Reisessig verwendet wird, sollte man darauf achten, dass er wenig gewürzt ist, und einen eher neutralen Geschmack enthält.

Reispapier (Banh trang)

Reispapier wird aus Reismehl hergestellt und wird dafür verwendet die Bestandteile einer frischen Sommerrolle im Inneren zu umschließen und zusammenzuhalten. Dabei hat Reispapier kaum Eigengeschmack. Es wird vor der Verwendung vorsichtig in warmes Wasser getaucht. Am besten verwendet man rundes Reispapier mit einem Durchmesser von 22 cm.

Eingelegter Rettich

Eingelegter Rettich gibt es entweder in einer süßen, oder einer salzigen Variante in Asia Supermärkten zu kaufen. Es gibt in als Ganzes zu kaufen, oder klein geschnitten und wird nach dem Öffnen der Packung im Kühlschrank aufbewahrt.

Tofu

Tofu ist relativ geschmacksneutral, kann aber dadurch auf verschiedene Weise (dämpfen, braten, frittieren etc.) zubereitet werden und nimmt leicht den Geschmack der anderen Zutaten an.

Fester Tofu lässt sich übrigens ganz einfach goldbraun knusprig frittieren. Damit bekommt er eine knusprige Außenhaut, bleibt aber innen saftig. Ideal für Wokgerichte oder einfach mit einem Salz-Pfeffer Dip genießen.

Silken oder Soft Tofu ist in erster Linie als Einlage für Suppen geeignet.

Wichtige Kräuter, Gemüse und Aromen der Thai Küche

Die thailändische Küche ist für ihre Vielfalt an Gewürzen und Kräutern bekannt. Ihr Einsatz basiert auf einem ausgewogenen Gebrauch und harmonisch ausbalancierten Kombinationen, die das Kochen nach Thai Art zu einer Kunst machen. Kräuter und Gewürze werden getrocknet oder frisch verwendet. Auch raffinierte Gewürzmischungen nehmen in der Thai Küche einen wichtigen Platz ein.

Basilikum

In der thailändischen Küche kommen Thai Basilikum, sowie indisches Basilikum (auch als „Holy Basil" bezeichnet) zur Verwendung.

Thai Basilikum hat einen pfeffrigen, anisartigen Geschmack, das beim Kochen wunderbar herauskommt. Man verwendet ihn für Currys, Suppen und Wok-Gerichte. Immer erst zum Schluss, oder am Ende der Garzeit über das Gericht geben, da er sich sonst beim Kochen schwarz verfärbt.

„Holy Basil" wird als heilig gesehen und kommt aus dem Hinduismus. Wenn es erhitzt wird kann es seinen feinen, minzartigen Geschmack entfalten. Als Alternative kann italienisches Basilikum verwendet werden, jedoch ist dieser nicht so duftend und blumig wie die asiatischen Pflanzen.

Zitronengras

Zitronengras findet sich in vielen Thai Gerichten, da der Geschmack zitronig ist, ohne die Säure und die Schärfe der Zitrone mitzubringen. Die Halme werden häufig für Suppen und Currys verwendet, aber auch in Salate geschnitten. Die zarten, jungen Halme werden fein gehackt und gegessen, während die älteren, schon leicht holzigen Stiele zunächst gequetscht und dann lediglich mitgekocht werden, ohne sie zu verzehren.

Alternativ kann auch Zitronengras in Pulverform verwendet werden, auch wenn es nicht an das Aroma frischer Zitronengras Stangen herankommt. Man bekommt das frische Zitronengras auch eingefroren in Asia Supermärkten.

Mungobohnensprossen

Mungobohnensprossen sind essentiell für das Pad Thai Gericht. Im Kühlschrank halten sie sich bis zu einer Woche.

Thai Auberginen (Eggplant)

Es werden unterschiedliche Melanzani in Thai Currys verwendet. Thai-Auberginen verleihen dem Gericht einen besonderen Geschmack und eine leicht bittere Note.

Ma Khuea Phuang

Diese Mini Auberginen werden roh und gekocht verzehrt und kommen unter anderem in grünen Currys zur Anwendung.

Ma Khuea Pro

Diese Auberginen haben in etwa die Größe eines Golfballs und werden oft geviertelt oder halbiert in Thai Gerichten verwendet. Als Ersatz könnte man auch die italienische Variante verwenden.

Minze

Die Thai Minze Sa Ra Nae wird gerne für Salate oder als Beilage für Hackfleisch-gerichte, Kokosmilchspeisen und scharf gewürzte Fischsuppen verwendet. Sie schmeckt deutlich milder und fruchtiger als die europäische Minze, da ihr Mentholgehalt geringer ist.

Tamarinde

Als Tamarinden werden die Früchte des Tamarindenbaums bezeichnet, Der saure und fruchtige Geschmack der Tamarinde verträgt sich ausgezeichnet mit der Schärfe von Chilis und gibt vielen thailändischen Gerichten ihren charakteristischen scharf–sauren Geschmack. Tamarinde gibt es als Paste, d.h. das Fruchtfleisch mit Kernen, aber auch als Püree ohne Kerne zur direkten Verwendung.

Wenn keine Tamarinde zur Verfügung steht, kann man alternativ auch auf eine Wasser/ Limetten Mischung zurückgreifen.

Pandan Blätter

Pandan Blätter nennt man die getrockneten Blätter des Schraubenbaums, der auch Pandanus heißt. Die Thai Küche verwendet sie wegen ihres nussigen und vanilleartigen Geschmacks für Desserts, Kuchen und Süßigkeiten. Das Extrakt aus den Blättern eignet sich auch zum Färben und Aromatisieren von Lebensmitteln. Die Blätter selbst werden nicht gegessen, sondern lediglich mitgekocht.

Enoki Pilze

Die in Ostasien Enoki genannten kleinen, frostresistenten Speisepilze sind in Europa unter dem Namen „Gemeiner Samtfußrübling" bekannt. Sie können auch im Winter geerntet werden und verfügen über ein mildes süßliches bis nussiges Aroma. Enoki Pilze haben eine sehr kurze Garzeit und werden auch roh in Salaten oder als Beilagen in Suppen oder zu Fleischgerichten serviert.

Kai-lan

Kai-lan (auch als Chinesischer Brokkoli bezeichnet) ist mit dem Brokkoli verwandt und gehört zur Gattung des Kohls. Er wird in der Regel mit Blättern und Stielen zubereitet. Die Blätter haben einen süßen Geschmack und sind auch etwas bitter.

Als Alternative kann bps. Blattkohl, Pak Choi oder gewöhnlicher Brokkoli verwendet werden.

Cha-Om Akazien Triebe

Für Europäer eher gewöhnungsbedürftig ist der Genuss von Cha-Om Akazien Trieben. In Thailands regionalen Küchen spielen sie eine unterschiedliche Rolle. Während man in Zentralthailand und im Nordosten, dem Isaan, die Cha-Om eher gekocht oder gebacken isst, werden sie im Norden des Landes lieber roh verspeist. Die Akazien Triebe eignen sich als Rohkost zusammen mit einem scharfen Chili Dip, als Gemüsebeilage oder als Salat, während sie gekocht gut zu Eintöpfen, Suppen, Rührei, Eierspeisen und Thai Omeletts passen.

Limetten

Einer der wichtigsten Zutaten der thailändischen Küche sind Limetten. Zitronen kommen in der traditionellen thailändischen Küche nicht vor. Es sollten am besten frische Limetten und kein fertiger Limettensaft verwendet werden.

Schlangenbohnen

Erhältlich in gut sortierten Asia-Märkten sind Schlangenbohnen unseren grünen Bohnen ähnlich, mit dem Unterschied, dass sie eine Länge von 35 – 75cm aufweisen. Sie wachsen in tropischen und subtropischen Gebieten.

So findet man Schlangenbohnen sowohl in Curries, wo sie kurz mitgegart Biss geben oder fast roh in Salaten. Zur Verwendung werden sie mit kaltem Wasser abgespült, eventuelle braune Stellen herausgeschnitten und je nach Rezept in verschieden lange Stücke geschnitten.

Wegen des in grünen Bohnen enthaltenen Phasins müssen sie vor dem Verzehr kurz blanchiert werden. Dazu putzt man die Bohnen und blanchiert sie für etwa 2 Minuten in kochendem Salzwasser, dann sofort in eiskaltem Wasser abschrecken. Generell wird jedoch ein 10-15 minütiges Erhitzen (Kochen) empfohlen, um das Phasin vollständig unschädlich zu machen. Das macht die Bohnen allerdings für die meisten Gerichte viel zu weich.

Chilipulver

Das Phrik Pon genannte Chilipulver ist feurig scharf und perfekt für die bekannten Pad Thai Nudeln. Es besteht aus getrockneten roten Chilis, die es in verschiedenen Größen gibt. Dabei gilt: Die kleineren Schoten sind die schärferen, Während die größeren Phrik Chi Fa einen Schärfegrad von 6 auf der Scoville-Schärfeskala haben, erreichen die kleineren Phrik Kee Noo eine Schärfegrad von 8. Die Thai Küche verwendet Chilipulver gerne für Chili Pasten wie die Phrik Gaeng Pao.

Alternativ kann Cayenne Pfeffer verwendet werden.

Koriander

Koriander wird in vielen thailändischen Gerichten verwendet. Häufig kommt jedoch auch die Wurzel des frischen Korianderkrauts zur Verwendung. Korianderkörner werden unter anderem in vielen Currypasten verwendet.

Falls keine frische Wurzel zur Verfügung steht, kann man auch die Stängel der Koriander verwenden und ganz fein hacken. Korianderblätter kommen erst am Ende der Zubereitungszeit zu den Gerichten.

Koriandersamen ist eines der ältesten bekannten Gewürze der Welt und zeichnet sich durch seine goldgelbe Farbe und seine sanft geriffelte Textur aus. Die Samen sind sehr aromatisch mit Zitrusnoten.

Koriandersamen werden ganz oder gemahlen als Basis für viele Gewürzmischungen verwendet. Wie der Kreuzkümmel muss er trocken bei milder Hitze geröstet werden, bis die Samen eine leicht goldbraune Färbung haben und sie anfangen in der Pfanne zu „tanzen".

Galgant

Galgant ist dem Ingwer sehr ähnlich, wobei Galgant kleiner ist und eine dünnere Haut besitzt. Er ist eine wichtige Zutat für Currypasten und die Tom Kha Gai Suppe.

Knoblauch

Knoblauch wird sehr häufig in der Thai Küche verwendet. Es sollte immer frischer Knoblauch verwendet werden.

Palmzucker

Palmzucker ist eine Zuckerart, die durch Einkochen und Kristallisation aus dem Blutungssaft vornehmlich der Blütenstände verschiedener Palmenarten gewonnen wird. Erhältlich ist Palmzucker in vielen Asia Läden. Er ist weniger süß als Rohrzucker und hat einen malzigen, karamellartigen Geschmack. Palmzucker der aus dem Saft der Kokospalme gewonnen wird, nennt man auch Kokosblütenzucker.

Da Palmzucker von der Konsistenz sehr hart ist, kann er vor dem verarbeiten kurz in der Mikrowelle erhitzt werden, um besser damit zu arbeiten.

Alternativ kann brauner oder weißer Zucker verwendet werden.

Ingwer

Ingwer ist ein unglaublich populäres Gewürz in Thailand. Er ist aromatisch und scharf und wird in der Thai Küche gerieben oder geschnitten zahlreichen Gerichten beigegeben. Er passt besonders gut zum Aroma des Knoblauchs und wird auch gerne roh in Würfel geschnitten verzehrt.

Kurkuma

Kurkuma hat eine leuchtend gelbe Farbe und kräftig harziges Aroma mit einem leicht bitteren Geschmack. Obwohl in der westlichen Küche höchstens als Färbemittel (billiger und eigentlich untauglicher Safranersatz) und

Beimischung für Currypulver verwendet, gilt es in gesundheitsbewussten Kreisen als Wundermittel gegen viele Arten von Krankheiten.

Kaffirlimettenblätter

Kaffirlimettenblätter haben ein ganz einzigartiges, frisches Aroma und hält sich viele Monate eingefroren im Eisfach.

Meist werden sie in Thai Currys und Suppen verwendet, denen sie einen frischen und aromatischen Geschmack geben. Das Aroma ist wesentlich stärker als das der Limettenblätter wie sie im Norden Vietnams verwendet werden.

Verwendet werden sie im Ganzen für Suppen, ansonsten fein gehackt. Am einfachsten faltet man sie dazu in der Mitte, reißt die Blattrippe heraus und schneidet das Blatt mit einer Schere in feine Streifen.

Khao Kua

Das Gewürz „Khao Kua" stammt ursprünglich aus Laos und besteht aus grob gemahlenen Klebreiskörnern, die zuvor goldbraun geröstet wurden. Sie haben ein nussiges Aroma und sind sehr hart und bissfest. Man bekommt das Gewürz in südostasiatischen Läden. -> siehe Grundrezepte

Schalotten

Schalotten werden in der thailändischen Küche viel häufiger verwendet als Zwiebeln. Sie sind milder als Zwiebel, haben ein komplexes Aroma und können auch eher roh verwendet werden.

Alternativ können auch gewöhnliche rote oder gelbe Zwiebel verwendet werden.

Krachai (Fingerwurz)

Der Krachai, auch als Fingerwurz oder chinesischer Ingwer bezeichnet, wird insbesondere für die Herstellung von Currypasten und Wokspeisen eingesetzt. Er ist deutlich milder als der normale Ingwer und der Galgant (Thai Ingwer). Er stammt ursprünglich aus China und hat einen leicht an Zitrone erinnernden Geschmack. Der Krachai wird immer frisch verwendet und nie getrocknet. Er eignet sich besonders gut für Schmorgerichte und wird in Scheiben geschnitten beigefügt.

Falls kein Fingerwurz zur Verfügung steht, dann kann alternativ auch Ingwer oder Galgant verwendet werden.

Currypulver

Traditionellerweise wird Currypulver aus Kurkuma, Koriander, Kreuzkümmel und getrockneten roten Pfefferkörnern hergestellt. Mittlerweile gibt es dutzende unterschiedliche Currypulver, unter anderem mit Bockshornklee oder Piment als Zutat. Oftmals wird es während des Kochens mit Öl, oder Kokosmilch vermengt und entfaltet dann sein würzig-scharfes Aroma.

5-Gewürze-Pulver

Das 5-Gewürze-Pulver ist ein asiatisches Gewürz, das aus Sternanis, Zimtkassie, Gewürznelke, Fenchel und Szechuanpfeffer besteht. Es hat ein blumiges, würziges Aroma und wird unter anderen zum Würzen von Fleisch oder Fisch verwendet.

Man kann es selbst herstellen, indem man die trockenen Gewürze in gleichen Anteilen Sternanis, Zimt, Fenchel und Pfeffer mischt eine kleine Menge Nelken hinzufügt und entweder in einem Mörser oder in einer Gewürzmühle zu einem feinen braunen Pulver mahlt. Anschließend in einem kleinen braunen Glas mit luftdichtem Deckel lichtgeschützt aufbewahren.

Pfeffer

In der Thaiküche werden verschiedene Pfeffersorten verwendet: weißer oder schwarzer Pfeffer, roter oder grüner Pfeffer sowie Stangenpfeffer. Sie unterscheiden sich hinsichtlich der Schärfe sowie des Reifegrads der Körner. Stangenpfeffer kann gut anstelle des schwarzen Pfeffers genommen werden. Auch weißer Pfeffer hat die gleiche Schärfe, ist jedoch weniger aromatisch.

Frische grüne Pfefferkörner

Frische grüne Pfefferkörner haben wegen ihrer angenehmen Milde und ihres Aromas einen festen Platz in der thailändischen Küche. Sie werden häufig in Salzlake eingelegt, aber auch durch Gefriertrocknung oder sofortige Trocknung bei hohen Temperaturen haltbar gemacht.

REZEPTE

GRUNDREZEPTE

Jasminreis Grundrezept

Soviel Zeit muss sein: 30 - 40 min

Portionen: 2

Schwierigkeit: leicht

Zutaten

- 220 g Jasminreis
- 500 ml Wasser
- n.B. ½ TL Salz

Zubereitung

Es gibt es 2 Möglichkeiten Jasminreis herzustellen. Entweder im Kochtopf, oder im Reiskocher. Optional kann beim Kochen ½ TL Salz hinzugefügt werden, dies wird in der thailändischen Küche jedoch nicht empfohlen.

Kochtopf Methode

1) Zunächst den Reis in einer Schüssel mit kaltem Wasser grünlich waschen, eventuell wiederholen und danach in den Topf geben.
2) 250 ml Wasser hinzufügen.
3) Nach 12 Minuten den Topf auf kleiner Flamme erhitzen, danach auf die mittlere Stufe stellen und zugedeckt für ca. 20 Minuten köcheln lassen.
4) Anschließend den Herd ausschalten und den Topf für weitere 10 Minuten zugedeckt zur Seite stellen, danach auflockern.

Reiskocher Methode

1) Den Reis gründlich waschen und in den Reiskocher geben.
2) 250 ml Wasser hinzufügen.
3) Einschalten und auf der gewöhnlichen Reisstufe kochen.
4) Da Reiskocher eine Timer Funktion besitzen, ist der Reis fertig, wenn das Gerät es anzeigt.
5) Der fertige Reis sollte für zumindest 10 Minuten im Reiskocher verbleiben. Am Ende etwas auflockern.

Klebreis Grundrezept

Soviel Zeit muss sein: 120 + 25 min

Portionen: 2

Schwierigkeit: leicht

Zutaten

- 220 g Klebreis
- 500 ml Wasser

Zubereitung

Grundsätzlich gibt es auch 2 Möglichkeiten Klebreis herzustellen. Entweder im Kochtopf, oder im Reiskocher.

Kochtopf Methode

1) Zunächst den Reis gründlich waschen und für mindestens 2 Stunden in Leitungswasser weich werden lassen.
2) Nachdem das Wasser abgegossen ist, den Reis in einem Topf für eine Viertelstunde köcheln lassen, danach auf eine gereinigte Küchenplatte geben und etwas auflockern.

Reiskocher Methode

1) Zunächst den Reis gründlich waschen und ebenfalls für mindestens 2 Stunden in Leitungswasser weich werden lassen.
2) Danach den Reis in den Reiskocher geben und ca. 250 ml Wasser hinzufügen, danach das Gerät einschalten und mit der „Sushi" Option garkochen.
3) Danach auf eine gereinigte Küchenplatte geben und etwas auflockern.

Gerösteter Reis Grundrezept

Soviel Zeit muss sein: 10 min

Portionen: 2

Schwierigkeit: leicht

Khao Khua

Zutaten

- 100 g Klebreis

Zubereitung

1) Zunächst eine große Pfanne erhitzen.
2) Den Reis für 5 – 6 Minuten unter ständigem Rühren rösten.
3) Abkühlen lassen und in einem Mixer fein mahlen.

Frittierter Tofu Grundrezept

Soviel Zeit muss sein: 40 min

Portionen: 2

Schwierigkeit: leicht

Zutaten

- 200 g Tofu fest
- 250 ml Wasser
- 1 TL Meersalz
- Öl zum Frittieren

Zubereitung

1) Zunächst den Tofu in mundgerechte Stücke (ca. 2x2 cm groß) schneiden.
2) Nun in einem Behälter das kochende Wasser, sowie das Salz einfüllen und den Tofu für eine Viertelstunde hineinlegen.
3) Herausnehmen und in reichlich Küchenpapier einwickeln und eine schwere Pfanne, oder einem anderen schweren Gegenstand drauflegen. Für ca. 20 Minuten auspressen lassen.
4) Danach in einem beschichteten Topf die Tofustücke herausbacken.
5) Wenn sie eine gelbliche Farbe angenommen haben, herausheben und in Küchenpapier abtrocknen lassen.
6) Für eine weitere Verwendung können sie mit Folie abgedeckt einige Tage im Kühlschrank aufbewahrt werden.

SAUCEN, PASTEN & CO

Pad Thai Sauce

Soviel Zeit muss sein: **5 min**

Portionen: **1**

Schwierigkeit: **leicht**

Zutaten

- 60 ml Wasser (heiß)
- 3 EL Palmzucker
- 2 EL Fischsauce
- 1 ½ EL Tamarinden Paste
- ½ EL Sriracha Sauce

Zubereitung

Obwohl in mittlerweile jedem Asia Supermarkt erhältlich, lässt sich die Pad Thai Sauce einfach selbst zubereiten.

1) Zunächst den Palmzucker und die Tamarinden Paste in eine Schüssel geben, danach mit dem Wasser verrühren.
2) Anschließend die Paste mit der Fischsauce und der Sriracha Sauce abschmecken. Optional kann auch noch Currypulver hinzugefügt werden. Je nach Vorlieben kann hier etwas variiert werden.

Thai Chili-Sojasauce

Soviel Zeit muss sein: **5 min**

Portionen: **1**

Schwierigkeit: **leicht**

Nam Pla Phrik

Zutaten

- 120 ml Sojasauce hell
- 3 Thai Chilis
- 1 Knoblauchzehe, fein gehackt
- ½ Limette

Zubereitung

1) Zunächst die Chili waschen, putzen und fein hacken.
2) Alle Zutaten gut miteinander vermengen.
3) Die Sauce bis zu 2 Wochen im Kühlschrank aufbewahren, sie passt gut zu Geflügel und Fisch-Gerichten.

Currypaste Khao Soi

Soviel Zeit muss sein: **30 min**

Portionen: **1**

Schwierigkeit: **leicht**

Nam Phrik Khao Soi

Zutaten

- 3 Korianderwurzeln
- 2 Schalotten
- 2 rote Chilis getrocknet
- 1 Knoblauchzehe
- 1 daumengroßes Stück Ingwer
- 1 TL Koriandersamen
- 1 TL Kardamomkapseln
- ½ TL Kurkuma
- ½ TL Currypulver
- Meersalz

Zubereitung

1) Zunächst die Chilis in warmen Wasser für 10 Minuten einweichen, danach herausnehmen, trocknen und putzen.
2) Den Kardamom aufschneiden und die Samen mit einer Messerspitze herauskratzen.
3) Danach in einer heißen Grillpfanne die Koriandersamen und die Kardamomsamen ohne Fett anbraten, bis der Koriander beginnt zu platzen (etwa eine Minute), dann herausnehmen und abkühlen lassen.
4) Die Chilis, den Knoblauch, den Ingwer und die Schalotten hineingeben und bräunen lassen, sodass sie ein Raucharoma entwickeln.
5) Abkühlen lassen und schälen, bzw. die braunen Stellen abwaschen.
6) Alles in einem Mixer vermixen und die Gewürze und den Koriander hinzufügen.

Currypaste Panang

Soviel Zeit muss sein: **25 min**

Portionen: **1**

Schwierigkeit: **leicht**

Nam Phrik Gaeng Panaeng

Zutaten

- 12 Chilis getrocknet
- 4 Schalotten
- 3 Knoblauchzehen
- 4 EL Pflanzenöl
- 2 EL Erdnüsse, geröstet
- 2 EL Galgantpulver
- 2 EL Zitronengras
- 2 EL Koriander gemahlen
- 2 EL Kurkuma
- 1 EL Thai Ginseng
- 1 EL Kaffirlimetten Abrieb
- 1 EL Garnelenpaste
- 1 TL Kreuzkümmelsamen
- 1 TL Pfefferkörner

Zubereitung

1) Zunächst die Chilis in am Siedepunkt erwärmtes Wasser für ca. 12 Minuten weich werden lassen, danach abtrocknen und je nach Schärfe eventuell die Kerne entfernen.
2) Danach eine beschichtete Pfanne erhitzen und die Kreuzkümmelsamen, sowie den geriebenen Koriander kurz anrösten, zur Seite stellen und die Limette waschen und abreiben.
3) Das restliche Gemüse waschen und alles in einen Küchenmixer geben.

Naam Jim Dressing

Soviel Zeit muss sein: **15 min**

Portionen: **1**

Schwierigkeit: **leicht**

Naam Jim Jaew

Zutaten

- 5 grüne Thai Chilis
- 5 Korianderwurzeln
- 1 Knoblauchzehe
- 1/2 Limette
- 2 EL Fischsauce
- 1 EL Palmzucker
- 1 TL Sesamkörner
- 1 Handvoll Koriander
- etwas Wasser
- Meersalz

Zubereitung

1) Zunächst den Koriander und die Korianderwurzeln gründlich abwaschen, die Chilis waschen, den Knoblauch schälen und die Limette auspressen.
2) Danach eine Grillpfanne erhitzen und die Chilis anbraten bis sie sich leicht verfärben, zur Seite stellen und abkühlen lassen.
3) In der Zwischenzeit alle restlichen Zutaten bis auf die Sesamkörner und den frischen Koriander in einen Mixer geben.
4) Wenn die Chilis abgekühlt sind, die dunklen Stellen entfernen und in den Mixer geben, mit etwas Wasser verdünnen, falls die Konsistenz zu cremig sein sollte.
5) Anschließend den gehackten Koriander und die Sesamkörner hinzugeben.
6) Dieses Dressing passt sehr gut zu Fischgerichten.

Sweet Chilisauce

Soviel Zeit muss sein: 10 min

Portionen: 1

Schwierigkeit: leicht

Nam Phrik Wan

Zutaten

- 3 rote Thai Chilis
- ½ Karotte
- 7 EL Palmzucker
- ½ TL Meersalz
- 2 EL warmes Leitungswasser
- 3 EL weißer Essig

Zubereitung

1) Zuerst die Chili waschen, putzen und je nach Schärfe ein paar der Samen entfernen, die Karotte fein raspeln.
2) Nun in einem Mixer den Palmzucker mit dem Wasser gut vermixen.
3) Danach die Chili, die Karotte und den weißen Essig hinzugeben, nochmal kurz durchmixen.
4) Mit dem Salz abschmecken.

Nam Phrik Wan passt gut zum Thai Omelett oder den Frühlingsrollen.

Scharfe Chilipaste

Soviel Zeit muss sein: **20 min**

Portionen: **1**

Schwierigkeit: **leicht**

Nam Phrik Pao

Zutaten

- 4 rote Thai Chilis
- 2 Knoblauchzehen
- 1 Schalotte
- ¼ Limette
- 2 EL Pflanzenöl
- 1 TL Sojasauce
- 1 TL Palmzucker
- ½ TL Garnelenpaste
- ½ TL Tamarindenpaste
- 1 EL Leitungswasser

Zubereitung

1) Zunächst den Knoblauch und die Schalotte schälen, die Chili waschen, putzen und eventuell ein paar Kerne entfernen, die Limette auspressen.
2) Anschließend in einer Pfanne mit 1 EL Pflanzenöl etwas anrösten.
3) Danach mit dem Zucker, der Garnelenpaste und der Tamarindenpaste in einen Mixer geben und durchmixen.
4) Den Inhalt nochmals in die heiße Pfanne geben, bei niedriger Temperatur ein paar Minuten anbraten, dabei die restlichen Zutaten hinzugeben, ständig umrühren und eventuell noch etwas mehr Öl hinzufügen, danach auskühlen lassen. Die Paste sollte von der Konsistenz dünn und ölig sein.

Massaman Currypaste

Soviel Zeit muss sein: **40 min**

Portionen: **1**

Schwierigkeit: **leicht**

Nam Phrik Gaeng Massaman

Zutaten

- 4 Thai Chilis getrocknet
- 3 Schalotten
- 2 Knoblauchzehen
- 2 Stangen Zitronengras
- 1 Korianderwurzel
- 1 daumengroßes
- Stück Ingwer
- 3 Nelken
- 2 Kardamomkapseln
- 1 Sternanis
- 1 EL Kokosöl
- 1 TL Garnelenpaste
- 1 TL Koriandersamen
- 1 TL Zimt
- 1 TL Limettenschale Abrieb
- 1 TL Garnelenpaste
- 1 TL schwarzer Pfeffer, ganz
- ½ TL Muskatnuss
- ¼ TL Cumin

Zubereitung

1) Zunächst die getrockneten Chilis in einer Schüssel mit kochend heißem Wasser für ein paar Minuten weich werden lassen, die Kardamomkapseln aufschneiden und die Samen herausholen.
2) In der Zwischenzeit die Schalotten, das Zitronengras, den Ingwer und den Knoblauch schälen und fein hacken.
3) Nun die trockenen Gewürze (Pfeffer, Koriander, Kreuzkümmel, Kardamom, Nelken, Sternanis, Zimt, Muskatnuss) in einer Pfanne ohne Fett für ein paar Minuten erhitzen, vom Herd nehmen und in einen Mixer geben.
4) Die Chilis abtrocknen und ebenfalls erhitzen, und in den Mixer geben.
5) Dasselbe mit dem Ingwer, Zitronengras, Knoblauch und den Schalotten machen.
6) Alles mit dem Kokosöl und der Garnelenpaste gut durchmixen.
7) Danach die Masse ein letztes Mal in eine heiße Pfanne geben und unter ständigem Rühren bei wenig Temperatur für 2-3 Minuten anbraten und abkühlen lassen.

Grüne Currypaste

Soviel Zeit muss sein: 15 min

Portionen: 1

Schwierigkeit: leicht

Nam Phrik Gaeng Kiew Wan

Zutaten

- 4 Kaffirlimettenblätter, fein gehackt
- 3 grüne Thai Chilis, fein gehackt
- 3 Knoblauchzehen, fein gehackt
- 2 Schalotten, fein gehackt
- 1 Stange Zitronengras, fein gehackt
- 1 daumengroßes Stück Galgant, fein gehackt
- 1 EL Koriandersamen
- 1 EL Kreuzkümmelsamen
- 2 EL Fischsauce
- 1 TL Garnelenpaste
- 1 TL Palmzucker
- 1 TL Sojasauce dunkel
- ½ TL weiße Pfefferkörner
- 1 Handvoll Koriander

Zubereitung

1) Zunächst die Koriandersamen, den Kreuzkümmel und die Pfefferkörner in eine Pfanne geben und bei starker Hitze rösten, bis sie anfangen zu duften, vom Herd nehmen und in einen Mixer geben und gut durchmixen.
2) Nun das Zitronengras, Galgant, die Kaffirlimettenblätter, die Korianderwurzeln und die grünen Chilis in einen Mörser geben und zerstoßen, bis eine Paste entsteht und in den Mixer geben (Alternativ können sie auch gleich in den Mixer gegeben werden).
3) Nun die restlichen Zutaten hinzufügen und gut durchmixen, sodass eine cremige Paste entsteht.

Gelbe Currypaste

Soviel Zeit muss sein: 15 min

Portionen: 1

Schwierigkeit: leicht

Nam Phrik Gaeng Kari

Zutaten

- 3 Schalotten, fein gehackt
- 3 Knoblauchzehen, fein gehackt
- 2 rote Thai Chilis, fein gehackt
- 1 Limette
- ½ daumengroßes Stück Ingwer, fein gehackt
- ½ daumengroßes Stück Galgant, fein gehackt
- 1 Stange Zitronengras, fein gehackt
- 2 EL Koriandersamen
- 1 EL Kurkuma
- 1 EL Kreuzkümmelsamen
- 1 EL Sternanis
- 1 TL Zimt
- 1 TL Garnelenpaste
- 1 TL weiße Pfefferkörner
- Meersalz

Zubereitung

1) Zuerst die Limette auspressen und alle trockenen Gewürze, außer dem gemahlenen Kurkuma in einer heißen Pfanne anrösten, bis sie anfangen zu duften, vom Herd nehmen und in einen Mixer geben und gut durchmixen.
2) Danach alle restlichen Zutaten hinzufügen und gut durchmixen.
3) Es sollte eine cremige Paste entstehen, ev. ein paar EL Wasser hinzufügen. Für einen fruchtigeren Geschmack kann auch noch der Limettenabrieb verwendet werden.

Rote Currypaste

Soviel Zeit muss sein: **15 min**

Portionen: **1**

Schwierigkeit: **leicht**

Nam Phrik Gaeng Phed

Zutaten

- 6 grüne Thai Chilis, fein gehackt
- 3 rote Thai Chilis, fein gehackt
- 3 Knoblauchzehen, fein gehackt
- 3 Schalotten, fein gehackt
- 1 daumengroßes Stück Galgant, fein gehackt
- 2 Korianderwurzeln
- 1 Limette
- 1 Stange Zitronengras, fein gehackt
- 1 EL Koriandersamen
- 1 EL Kreuzkümmelsamen
- 1 EL weiße Pfefferkörner
- 1 TL Garnelenpaste
- 1 TL Meersalz

Zubereitung

1) Zuerst die Limette auspressen und die Korianderwurzeln gut wachen, den Koriandersamen, den Kreuzkümmelsamen und die Pfefferkörner in einer heißen Pfanne anrösten, bis sie anfangen zu duften, vom Herd nehmen und in einen Mixer geben und gut durchmixen.
2) Danach alle restlichen Zutaten hinzufügen und gut durchmixen.
3) Es sollte eine cremige Paste entstehen, ev. ein paar EL Wasser hinzufügen. Für einen fruchtigeren Geschmack kann auch noch der Limettenabrieb verwendet werden.

Saté Erdnusssauce

Soviel Zeit muss sein: 10 min

Portionen: 1

Schwierigkeit: leicht

Zutaten

- 200 g gemahlene Erdnüsse
- 400 ml Kokosmilch
- 4 EL Palmzucker
- 1 TL rote Currypaste
- ½ TL Salz

Zubereitung

1) Falls keine gemahlenen Erdnüsse zur Hand sind, zunächst die Erdnüsse in einem Mixer zermahlen.
2) Einen Topf erwärmen und die Currypaste mit der Kokosmilch bei mittlerer Temperatur erhitzen, bis sich die Currypaste gut aufgelöst hat.
3) Nun die restlichen Zutaten hinzufügen, alles gut miteinander verrühren und so lange köcheln lassen bis die Sauce etwas eingedickt ist.

Suki Sauce

Soviel Zeit muss sein: **30 min**

Portionen: **4**

Schwierigkeit: **leicht**

Nam Jim Suki

Zutaten

- 10 rote Thai Chilis
- 4 Stk. roter Tofu
- 4 Knoblauchzehen
- 3 Knoblauchzehen, eingelegt
- 5 EL Chilisauce
- 3 EL Palmzucker
- 2 EL Limettensaft
- 1 EL Reisessig
- 1 EL Meersalz
- 1 EL Sesam
- 1 EL Sesamöl
- etwas Wasser

Zubereitung

1) Zuerst die Chilis und 4 geschälte Knoblauchzehen in einen Mixer geben und zu einer Paste mixen, 3 eingelegte Knoblauchzehen hinzufügen und erneut zu einer Paste mischen.
2) Nun 4 Stück des roten Tofu mit 2 EL Saft und 3 EL Saft des eingelegten Knoblauch, sowie die Chilisauce hinzufügen, alles wieder durchmixen, den Sesam hinzufügen und ein letztes Mal mixen.
3) Nun etwas Salz, den Reisessig, den Limettensaft, den Palmzucker und etwas Wasser hinzufügen.
4) Einen Topf erhitzen und die Sauce hineingeben, unter ständigem Rühren bei mittlerer Temperatur für ca. 8 Minuten köcheln lassen. Die Sauce passt hervorragend zu Nudeln oder Gemüse.

Gemüse mit Chilisauce

Soviel Zeit muss sein: 25 min

Portionen: 4

Schwierigkeit: leicht

Nam Prik Num

Zutaten

Für das Gemüse

- 2 Gurken
- 2 Tomaten
- 1 gelbe Paprika
- 1 rote Paprika
- 1 Handvoll Schlangenbohnen
- Meersalz

Für die Sauce

- 6 Schalotten
- 5 Knoblauchzehen
- 5 Thai Chilis
- 1 Lauchzwiebel
- 1 Handvoll Koriander

Zubereitung

1) Zunächst in einer Grillpfanne den Knoblauch, die Chilis und die Schalotten ohne Zugabe von Fett anrösten, Währenddessen das Gemüse waschen und die Lauchzwiebel und den Koriander klein hacken, bzw. in Scheiben schneiden.
2) Danach das den Knoblauch, die Schalotten und die Chilis von der Schale befreien, bzw. die dunklen Stellen wegschneiden.
3) Alles zusammen in einen Mixer geben und mit etwas Meersalz vermixen, mit dem Lauchzwiebel und dem Koriander bestreuen, zur Seite stellen.
4) Nun das restliche Gemüse in länglicher Form in Stäbchen schneiden, die Schlangenbohnen kurz garkochen und mit der Sauce anrichten.

VORSPEISEN / FINGERFOOD / SNACKS

Tofu frittiert mit Erdnusssauce

Soviel Zeit muss sein: **25 min**

Portionen: **4**

Schwierigkeit: **leicht**

Tao Hu Toad Nam Jim Tua

Zutaten

- 2 grüne Thai Chilis
- 600 g frittierter Tofu
- 60 g Erdnüsse geröstet
- 30 g Tamarinde
- 150 ml Wasser (heiß)
- 120 ml Wasser
- 4 TL Palmzucker
- 1 TL Reisessig
- 1 Handvoll Koriander
- Meersalz

Zubereitung

1) Den frittierten Tofu nach dem Grundrezept zubereiten, den Koriander waschen und fein hacken, die Chili waschen, putzen und fein hacken, die Erdnüsse fein hacken.
2) Währenddessen die Tamarinde mit dem heißen Wasser vermengen und ein paar Minuten verrühren und verbinden lassen, durch ein Sieb drücken und zur Seite stellen.
3) Danach einen beschichteten Topf erhitzen und das Tamarinden-Wasser erhitzen und mit ca. 100 ml Wasser aufgießen, zum Kochen bringen.
4) Mit Meersalz und dem Palmzucker würzen und 5 -8 Minuten einkochen lassen, wenn die Konsistenz dickflüssiger wird, zur Seite stellen und eventuell noch einmal abschmecken, bzw. je nach Konsistenz ev. noch ein paar EL Wasser hinzufügen.
5) Alle Zutaten miteinander vermengen und mit dem frittierten Tofu anrichten.

Streetfood Fleischbällchen

Soviel Zeit muss sein: **90 + 20 min**

Portionen: **2**

Schwierigkeit: **leicht**

Zutaten

- 250 g Schweinehack
- 1 EL Kartoffelmehl
- ½ EL Fleischgewürz-pulver, od. helle Sojasauce
- 1 TL Palmzucker
- 1 TL Backpulver
- Frittieröl
- Meersalz, Pfeffer

Zubereitung

1) Zuerst das Hackfleisch in den Tiefkühlschrank für ca. 90-120 Minuten legen, sodass es leicht angefroren ist.
2) Danach herausnehmen und in eine Schüssel füllen, mit allen Zutaten mit einem Stabmixer zu einer sämigen Konsistenz vermengen und kleine Bällchen formen.
3) Eine große Pfanne mit Wasser bis zum Siedepunkt erhitzen und die Fleischbällchen darin für 8-10 Minuten garen.
4) Herausnehmen und für 4-5 Minuten in eine Schüssel mit eiskaltem Wasser legen.
5) Nun auf Holzspieße aufspießen und in einer heißen Grillpfanne für 6-8 Minuten goldbraun braten.
6) Dazu passt sehr gut die Sweet Chilisauce.

Schnelle Zucchini Pfanne mit Ei

Soviel Zeit muss sein: **15 min**

Portionen: **2**

Schwierigkeit: **leicht**

Zutaten

- 2 Zucchini
- 4 Eier
- 2 EL Sojasauce hell
- 2 EL Wasser
- 1 EL Austernsauce
- 3 Knoblauchzehen
- 1 TL Palmzucker
- Kokosöl

Zubereitung

1) Zuerst den Knoblauch schälen und fein hacken, den Zucchini schälen und grob würfeln.
2) Einen Wok mit Kokosöl erhitzen und den Knoblauch darin anbraten, nach ca. 20 Sekunden den Zucchini hinzufügen und kurz anbraten.
3) Danach im Wok etwas Platz schaffen und die Eier auf einem freien Platz aufschlagen und verrühren, nachdem sie etwas gestockt sind mit den Zucchini vermengen.
4) Danach das Wasser mit dem Palmzucker, der Sojasauce und der Austernsauce einrühren. Für ca. 3 Minuten weichgaren und mit Jasminreis anrichten.

Wan Tan

Soviel Zeit muss sein: 30 min

Portionen: 4

Schwierigkeit: leicht

Zutaten

- 16 Wan Tan Blätter
- 250 g Schweinehackfleisch
- 60 g Garnelen
- 50 g Wasserkastanien
- 1 Knoblauchzehe
- 1 rote Thai Chili
- 3 EL Fischsauce
- 1 EL Sojasauce hell
- 1 EL Sesamöl
- 1 TL Palmzucker

Zubereitung

1) Zuerst den Knoblauch schälen und fein hacken, die Chili putzen und fein hacken, die Wasserkastanien klein hacken, alles in einer Schüssel mit der Sojasauce, der Fischsauce, dem Sesamöl und dem Palmzucker vermengen.
2) Nun die Garnelen waschen und fein hacken, zusammen mit dem Schweinehackfleisch zu den restlichen Zutaten geben, gut vermengen und abschmecken.
3) Eine Schüssel mit Wasser vorbereiten und die 16 Wan Tan Blätter auf angefeuchtete Geschirrtücher auflegen, damit sie nicht austrocknen. Jeweils in die Mitte etwas der Masse (etwa 1 EL) platzieren, um die Masse herum mit etwas Wasser befeuchten, dann je eine Ecke zur gegenüberliegenden ziehen, dass Dreiecke entstehen, die Ränder gut aneinanderdrücken und einklappen und mit angefeuchteten Fingern zusammen kleben. Alternativ können die Wan Tan Teigtaschen auch mit Schnittlauch zu einem Päckchen zusammengebunden werden.
4) In einem Bambuseinsatz, oder in einem Sieb mit Deckel über kochendem Wasser für ca. 12-14 Minuten dämpfen. Dazu passt Sojasauce oder Sweet Chilisauce.

Pilze mit Speck

Soviel Zeit muss sein: **25 min**

Portionen: **2**

Schwierigkeit: **leicht**

Bacon Pan Hed Kem Tong

Zutaten

- 1 grüne Thai Chili
- 100 g Speck
- 1 Pkg. Enoki Pilze
- 3 EL Austernsauce
- 1 EL Sojasauce hell
- 1 EL warmes
- Leitungswasser
- 1 EL Palmzucker
- 1 TL Sesam
- 1 Spritzer Limettensaft
- 1 Handvoll Koriander

Zubereitung

1) Zunächst die Pilze waschen und die unteren Enden abschneiden, den Koriander waschen und fein hacken, die Chili waschen, putzen und fein hacken.
2) Nun die Sojasauce mit der Austernsauce, dem Palmzucker, der Sojasauce, dem Sesam, der Chili und einem Spritzer Limettensaft vermengen, mit dem Koriander bestreuen.
3) Nun eine Grillpfanne erhitzen und eine Handvoll Enoki in die Hand nehmen und mittig mit dem Speck umrollen, mit Schaschlikspießen fixieren, solange wiederholen bis alles aufgebraucht ist.
4) Die Pilze mit dem Speck in der Pfanne ein paar Minuten braten, herausnehmen und mit der Sauce anrichten.

Gerösteter Wasserspinat

Soviel Zeit muss sein: **15 min**

Portionen: **4**

Schwierigkeit: **leicht**

Pad Pak Bung

Zutaten

- 6 Knoblauchzehen, fein gehackt
- 5 Thai Chilis, geputzt in Ringe geschnitten
- 500 g Thai Wasserspinat
- 2 EL Sojasauce hell
- 2 EL Sojabohnen, aus dem Glas
- 1 EL Palmzucker
- 1 TL Fischsauce
- Kokosöl

Zubereitung

1) Zunächst den Knoblauch und die Chili vorbereiten, den Wasserspinat gut waschen, die unteren Stängel abschneiden und grob schneiden, die Sojabohnen abtropfen lassen, die Sojasauce, die Fischsauce und den Palmzucker zur Hand haben.
2) Nun in einem Wok das Kokosöl erhitzen und zuerst die Chili und den Knoblauch hineingeben, nach einer halben Minute den Wasserspinat in den Wok geben und einmal gut durchmischen.
3) Die Sojabohnen hinzufügen, mit den Saucen und dem Zucker würzen und sofort aus dem Wok nehmen.

Thailändische Omelett

Soviel Zeit muss sein: **10 min**

Portionen: **2**

Schwierigkeit: **leicht**

Khai Jeow

Zutaten

- 4 Eier
- 3 EL Fischsauce
- 1 Lauchzwiebel
- 1 Handvoll Koriander
- Kokosöl
- Chiliflocken

Zubereitung

1) Zuerst den Koriander waschen und fein hacken, die Lauchzwiebel waschen und in feine Röllchen schneiden.
2) Nun eine beschichtete Pfanne mit dem Kokosöl erhitzen und die Eier mit der Fischsauce verquirlen.
3) Das Ei in die Pfanne gießen und die Lauchzwiebel darüberstreuen, ein paar Minuten anbraten. Die Hitze etwas zurückdrehen und das Ei vorsichtig wenden.
4) Je nach gewünschter Konsistenz noch 1-2 Minuten braten, herausnehmen, auf 2 Teller aufteilen und mit dem Koriander und den Chiliflocken bestreuen.

Gedämpfter Tintenfisch mit Limettensauce

Soviel Zeit muss sein: **10 min**

Portionen: **2**

Schwierigkeit: **leicht**

Pla Muk Neung Manao

Zutaten

- 5 rote Thai Chilis
- 4 große Tuben Tintenfisch
- 4 Knoblauchzehen
- 8 EL Limettensaft
- 6 EL Fischsauce
- 1 TL Palmzucker
- 1 Handvoll Sellerieblätter
- 1 Limette in feine Scheiben geschnitten

Zubereitung

1) Zunächst die Tuben waschen und in Ringe schneiden, in einem Dampfgarer, oder einem Sieb über kochendem Wasser für ca. 10 Minuten dämpfen.
2) Währenddessen den Knoblauch schälen und fein hacken, die Sellerieblätter, den Limettensaft und die Limette vorbereiten, die Chilis waschen und fein hacken.
3) Als Nächstes für die Marinade alle Zutaten, außer den Limettenscheiben und den Tintenfischen gut miteinander vermengen.
4) Wenn der Tintenfisch gegart ist, auf Teller anrichten, mit der Marinade übergießen und mit den Limettenscheiben belegen.

Pfefferblatt Häppchen

Soviel Zeit muss sein: **35 min**

Portionen: **1**

Schwierigkeit: **leicht**

Miang Kam

Zutaten

- 4 Schalotten, fein gehackt
- 2 Thai Chilis, fein gehackt
- 1 Limette, in Spalten
- 1/2 Pkg. Pfefferblätter
- ¼ Mango, gewürfelt
- 1 daumengroßes Stück Ingwer, fein gehackt
- 1 daumengroßes Stück Galgant, fein gehackt
- 50 g Erdnüsse, geröstet
- 20 g Mungobohnen-Sprossen
- 1 EL dried Shrimps, gehackt
- 2 EL Kokoschips

Für den Dip

- 2 Schalotten, in Ringen geschnitten
- 1 grüne Thai Chili
- 40 g Tamarindenpaste
- 30 g Palmzucker
- 1 EL Limettensaft
- Kokosöl

Zubereitung

1) Die Pfefferblätter gut waschen, Schalotten vorbereiten und gemeinsam mit der Chili in reichlich Öl frittieren, herausnehmen und abtropfen lassen. Nun etwas vom Öl entfernen und die Tamarindenpaste darin anbraten, verrühren und mit dem Palmzucker und einem EL Limettensaft vermengen, den Dip zur Seite stellen.
2) Nun alle Komponenten vorbereiten, die Mungobohnensprossen waschen. Die Kokoschips in einem Wok etwas anrösten. Auf einer großen Platte alle Teile separat anrichten. Für eine Portion wird ein Pfefferblatt genommen und die gewünschten Zutaten mit dem Dip darin verteilt, und zu einer Art Päckchen zusammengefaltet und verspeist.

Frühlingsrollen Thai Style

Soviel Zeit muss sein: **50 min**

Portionen: **4**

Schwierigkeit: **mittel**

Poh Pia Tod

Zutaten

- 3 Eier
- 2 Knoblauchzehen, gehackt
- 2 Möhren
- ½ Weißkohl
- 400g Schweinehack
- 200 g Mungobohnen-sprossen
- 100g Glasnudeln
- 1 Pkg. Frühlingsrollen-blätter
- 5 EL Sojasauce hell
- 2 EL Austernsauce
- 1 EL Fischsauce
- 2 TL Palmzucker
- 1 TL weißer Pfeffer
- Kokosöl
- Frittieröl
- Sweet Chilisauce

Zubereitung

1) Zuerst die Frühlingsrollenblätter auftauen lassen, die Glasnudeln nach Packungsangabe zubereiten, die Möhren schälen und mit dem Kohl ganz fein schneiden.
2) Das Kokosöl erhitzen und den Knoblauch andünsten, 2 Eier vermixen und hinzugeben, Schweinehack und das Gemüse hinzufügen, danach die Mungobohnensprossen und Glasnudeln beimengen und mit den Saucen, dem Zucker und dem Pfeffer abschmecken, zur Seite stellen und eine halbe Stunde abkühlen lassen.
3) Nun 1 Ei verquirlen, die Blätter auflegen, mit der Masse befüllen und die Seiten einklappen, etwas zusammenrollen. Mit dem Ei bestreichen, fertigrollen und andrücken.
4) In reichlich Öl für ein paar Minuten goldgelb herausbacken, abtropfen lassen, abtrocknen und mit der Chilisauce servieren.

Black Swan Egg

Soviel Zeit muss sein: **90 min**

Portionen: **2**

Schwierigkeit: **mittel**

Zutaten

- 100 g geschälte, halbierte Mungobohnen
- 75 g Klebreismehl
- 25 g Rohrzucker
- 15 g Reismehl
- 15 g Palmzucker
- 500 ml Kokosöl
- 25 ml Kokosmilch
- 25 ml Wasser
- 1 ½ EL schwarzer Sesam
- ¼ TL Salz

Zubereitung

1) Die Mungobohnen schon am Vortag waschen, in Wasser einlegen und über Nacht weichen lassen. Das Wasser abschütten, die Mungobohnen in einen Dampfgarer oder ein Dampfkörbchen geben und darin für etwa 30 Minuten dämpfen.
2) Dann mit der Hälfte des Salzes und dem Rohrzucker in eine Schüssel geben und mit einem Handmixer zu einer homogenen Masse pürieren.
3) Mit der Hand aus der Bohnenmasse gleichgroße Bällchen formen und zur Seite stellen. Für den Teig Klebreismehl, Reismehl und den Rest des Salzes zusammenmischen und den zerkleinerten Palmzucker unterrühren.
4) Kokosmilch dazu schütten und alles verkneten. Wasser dazu geben und erneut alles miteinander verkneten, bis der Teig homogen und geschmeidig ist.
5) Nun mit der Hand aus dem Teig eine runde Kugel formen und auf der Handfläche zu einem flachen Teigküchlein drücken. Darauf die Mungobohnenkugel setzen und den Teig um die Kugel schließen.
6) Den schwarzen Sesam auf einen flachen Teller schütten und die Teigbällchen darin wälzen, bis die ganze Außenseite mit schwarzem Sesam bedeckt ist. Das Kokosöl im Wok erhitzen und die Teigbällchen darin frittieren, bis sie goldbraun geworden sind. Während des Frittierens öfter mit einem Schaumlöffel wenden und dann herausnehmen.

Gebackener Wasserspinat

Soviel Zeit muss sein: 20 min

Portionen: 4

Schwierigkeit: leicht

Pak Bung Tod

Zutaten

- 500 g Wasserspinat
- 450 g Tempuramehl
- 600 ml Leitungswasser
- etwas Koriander
- Pfeffer, Meersalz
- Sweet Chilisauce
- Frittieröl

Zubereitung

1) Zunächst den Koriander waschen und fein hacken, danach den Wasserspinat waschen und in grobe Stücke schneiden.
2) Das Öl in einem großen Topf erhitzen. Währenddessen in einer Schüssel das Tempuramehl mit dem Wasser vermengen, dabei das Wasser nach und nach beimengen, mit Salz und Pfeffer würzen.
3) Nun die Stücke in den Teig tauchen und für 2 – 3 Minuten goldgelb herausbacken.
4) Die Chilisauce in eine Schüssel geben und mit dem gehackten Koriander bestreuen, gemeinsam mit dem Wasserspinat anrichten.

Getrocknete gehobelte Pilze

Soviel Zeit muss sein: **10 min**

Portionen: **2**

Schwierigkeit: **leicht**

Hed Yong

Zutaten

- 240 g Austernpilze
- 1 EL Sesam
- 1 EL Wasser
- 1 TL Sojasauce
- 1 TL Palmzucker

Zubereitung

1) Zuerst den Backofen auf 200 °C vorheizen.
2) Die Pilze waschen und gut abtrocknen. Danach dünn und blättrig hobeln und auf ein Backblech legen. Im vorgeheizten Backofen für ca. 10 Minuten backen.
3) Währenddessen in einer Schüssel das Wasser mit dem Palmzucker vermengen und den Zucker darin auflösen. Danach den Sesam und die Sojasauce hinzugeben.
4) Die Pilze aus dem Ofen nehmen und in die Schüssel geben.
5) Anschließend noch einmal in den Backofen für ca. 6-8 Minuten backen.
6) Herausnehmen und anrichten.

Omelett mit Muscheln

Soviel Zeit muss sein: **20 min**

Portionen: **2**

Schwierigkeit: **leicht**

Hoy Tod

Zutaten

- 2 Eier
- 14 Miesmuscheln (ohne Schale, vorgegart)
- 1 Frühlingszwiebel, gehackt
- 1 Handvoll Mungo-bohnensprossen
- etwas Koriander
- 6 EL Wasser
- 2 EL Srirachasauce
- 1 EL Pfeilwurzelmehl
- 1 EL Reismehl
- 1 EL Kartoffelmehl
- 1 EL Sojasauce
- 1 EL Palmzucker
- 1 EL weißer Essig
- Kokosöl
- 1 Prise Salz

Zubereitung

1) Die Srirachasauce mit dem Zucker, dem weißen Essig und einer Prise Salz in eine Schüssel geben und umrühren, bis sich der Palmzucker beginnt aufzulösen. Dann 1 EL Wasser hinzufügen und verrühren, bis sich alles aufgelöst hat, den Koriander und die Frühlingszwiebel waschen und fein hacken, die Mungobohnensprossen waschen.
2) Nun das Pfeilwurzelmehl, das Reismehl, und das Kartoffelmehl mit 5 EL Wasser in einer Schüssel verrühren, mit einer Prise Salz würzen. Die Muscheln hineingeben und gut durchmischen, sodass alles gut überzogen ist.
3) Eine beschichtete Pfanne mit etwas Kokosöl erhitzen und die Muschel darin auf jeder Seite ein paar Minuten anbraten ohne umzurühren, einmal vorsichtig wenden, die Teile sollten etwas bräunlich werden, zur Seite schieben und die Eier hinzufügen. Das Eigelb anstechen, jedoch nicht umrühren. Die Mungobohnensprossen und die Frühlingszwiebel, sowie die Sojasauce hinzufügen und mit der Chilisauce anrichten.

Gebratene Auberginen

Soviel Zeit muss sein: **20 min**

Portionen: **2**

Schwierigkeit: **leicht**

Pad Ma Kuer

Zutaten

- 200 g Schweinehack
- 100 g Auberginen, gewürfelt
- 3 rote Thai Chilis, fein gehackt
- 2 Knoblauchzehen, fein gehackt
- 1 Handvoll süßes Basilikum
- 1 EL Sojabohnenpaste
- 1 EL Austernsauce
- ½ EL Sojasauce
- 1 TL Palmzucker
- Frittieröl
- Kokosöl

Zubereitung

1) Zuerst die Chili und den Knoblauch vorbereiten, die Auberginen waschen, das Basilikum waschen und fein hacken.
2) Die gehackten Auberginen für ca. 5 Minuten in reichlich Öl frittieren bis sie hellbraun sind. Sobald die Auberginen gar sind, abtropfen lassen und auf einem Papier Küchenrolle abtropfen lassen.
3) Nun das Kokosöl in einem Wok bei starker Hitze erhitzen und den Knoblauch, das Schweinehack und die Chilis anbraten. Für ca. 1 bis 2 Minuten rühren, bis das Schweinefleisch zu kochen beginnt.
4) Dann die frittierten Auberginenstücke hinzugeben. Die Sojabohnenpaste, die Sojasauce, die Austernsauce und den Palmzucker hinzufügen, für ein paar Minuten anbraten und dann das Basilikum dazugeben. Dazu passt Jasminreis.

Hühnchen in Pandanblättern

Soviel Zeit muss sein: **90 + 30 min**

Portionen: **2**

Schwierigkeit: **leicht**

Gai Hor Bai Toey

Zutaten

Für das Fleisch

- 240 g Hühnerbrustfilets
- 2 kleine Knoblauchzehen
- ein paar Korianderstiele
- 1 ½ EL Austernsauce
- ½ EL helle Sojasauce
- 1 TL Sesamöl
- weißer Pfeffer
- Pandanblätter
- Frittieröl

Für die Sauce

- 2 ½ EL Palmzucker
- 2 EL Sesam
- 1 EL Wasser
- 1 ½ EL helle Sojasauce
- ½ EL dunkle Sojasauce
- etwas Meersalz

Zubereitung

1) Zunächst das Fleisch waschen und in grobe Würfel schneiden, die Pandanblätter waschen, den Knoblauch schälen, die Stiele waschen.
2) Den Knoblauch und die Korianderstiele in einem Mörser vermahlen und die restlichen Zutaten hinzufügen und das Fleisch darin für 90 Minuten marinieren.
3) Die Fleischstücke in jeweils ein Pandanblatt einwickeln, gut verschließen und in reichlich Öl für 5-6 Minuten goldbraun herausbacken.
4) Für die Sauce den Sesam kurz ohne Fett anbraten, abkühlen lassen, die restlichen Zutaten kurz bei wenig Temperatur erhitzen, sodass sich der Zucker gut auflöst, in ein Schälchen füllen, mit dem Sesam bestreuen, umrühren und als Dip zum Fleisch anrichten.

Saté Spieße

Soviel Zeit muss sein: **30 min**

Portionen: **2**

Schwierigkeit: **leicht**

Muu Satay

Zutaten

- 300 g Hühnerbrust
- 1 daumengroßes Stück Ingwer
- 1 Stange Zitronengras, fein gehackt
- 100 ml Kokosmilch
- 1 EL Palmzucker
- 1 TL Koriandersamen
- 1 TL Kreuzkümmelpulver
- 1 TL Pfeffer weiß
- 1 TL Kurkuma
- 1 TL Currypulver
- Kokosöl
- 1 Prise Salz
- Saté Sauce

Zubereitung

1) Für das beste Ergebnis wird das Fleisch über Nacht mariniert. Für die Marinade, die Hühnerbrust waschen und in dünne Streifen schneiden. Den Ingwer, den Knoblauch und das Zitronengras schälen und fein hacken. Mit allen übrigen Zutaten (außer der Saté Sauce) vermengen.
2) Nun die Hühnerstücke auf kleinen Holzspießen aufspießen und in der heißen Grillpfanne für ca. 10 Minuten grillen, zur Hälfte der Zeit wenden. Herausnehmen und mit Saté Sauce genießen.

SUPPEN

Feurige Nudelsuppe

Soviel Zeit muss sein: 30 min

Portionen: 2

Schwierigkeit: leicht

Zutaten

- 1 Stange Zitronengras
- 1 Pak Choi
- 1 daumengroßes Stück Ingwer, fein gehackt
- 1 Schalotte, fein gehackt
- 1 Thai Chili, geputzt, fein gehackt
- 120 g Zuckerschoten
- 120 g Champignons
- 100 g Reisnudeln
- 700 ml Gemüsebrühe
- ½ Dose Kokosmilch
- 1 EL Limettensaft
- 1 EL Fischsauce
- 1 EL Kokosöl
- 1 TL rote Currypaste

Zubereitung

1) Zunächst die Reisnudeln nach Packungsanweisung garen.
2) Währenddessen den Ingwer, die Schalotte und den Knoblauch vorbereiten. Die Zuckerschoten, die Champignons und den Pak Choi waschen. Die Zuckerschoten der längs nach etwas schräg in Hälften, den Pak Choi in Streifen und die Champignons in Scheiben schneiden. Das Zitronengras waschen und mit dem Rücken eines Messers einschlagen, sodass sich die Aromen beim Kochen entfalten können.
3) Nun die Schalotte, den Knoblauch und die Chili in etwas Kokosöl anbraten, Chilipaste hinzufügen und mit der Gemüsebrühe ablöschen.
4) Die Kokosmilch und das Zitronengras hinzufügen, für 5 Minuten bei mittlerer Hitze garen, danach das restliche Gemüse hinzugeben und 5 bis 8 Minuten weichkochen.
5) Zuletzt das Zitronengras entfernen, die Nudeln hinzugeben und mit der Fischsauce, sowie dem Saft einer Limette abschmecken.

Pikante Garnelen Suppe

Soviel Zeit muss sein: 25 min

Portionen: 2

Schwierigkeit: leicht

Tom Yam Gung

Zutaten

- 8 große Garnelen
- 4 Kirschtomaten
- 4 Kaffirlimettenblätter
- 3 grüne Chilis
- 1 rote Chili, fein gehackt
- 1 Stange Zitronengras, fein gehackt
- 600 ml Hühnerbrühe
- 140 g Champignons
- 2 EL Fischsauce
- ½ EL Chilipaste Prik Phao
- ½ EL Austernsauce
- 1 Limette
- 1 Handvoll Koriander mit Wurzeln

Zubereitung

1) Zuerst das Gemüse waschen und die Chili und das Zitronengras vorbereiten, dabei das Zitronengras schälen und das Innere fein hacken, die rote Chili fein hacken. Die Champignons waschen und in Scheiben schneiden, die Garnelen putzen, den Koriander waschen und die Kirschtomaten waschen und halbieren, etwas von dem Koriander zur Seite lege und fein hacken.
2) Den Mörser zur Hand nehmen und den Koriander mit den grünen Chilis zerdrücken.
3) Einen Topf aufsetzen und die Hühnerbrühe mit den Kaffirlimetten-blättern, dem Zitronengras, der roten Chili und dem Koriander/ Chili Mix für ca. 10 min köcheln lassen, nach 8 Minuten die Champignons hinzufügen.
4) Nun die Garnelen und die restlichen Zutaten in den Topf geben und für 2 – 3 Minuten bei wenig Temperatur fertigkochen.
5) Vor dem Servieren noch die Tomaten in die Suppe geben und mit Koriander bestreuen.

Reissuppe

Soviel Zeit muss sein: **80 min**

Portionen: **2**

Schwierigkeit: **mittel**

Jok

Zutaten

- 120 g Schweinehackfleisch
- 70 g Schweinsknochen, oder Schweinefleisch
- 2 Schalotten
- 2 Eier
- 2 Korianderwurzeln
- 1 cm großes Stück Ingwer
- ½ Rettich
- ½ Porree
- 50 g Jasminreis
- 20 g Klebereis
- 2 EL Fischsauce
- 1 TL Kokosblütenzucker
- 1 TL Stärke
- 1 TL Zucker
- 1 Prise Meersalz
- weißer Pfeffer

Zubereitung

1) Zuerst das Gemüse waschen und grob schneiden, die Schalotten schälen und die Korianderwurzeln waschen.
2) Das Schweinehack mit der Fischsauce und Pfeffer würzen und mit der Stärke und dem Zucker gut vermengen, mit Frischhaltefolie abdecken und eine halbe Stunde in den Kühlschrank stellen. 700 ml Wasser zum Kochen bringen und die Knochen, Sellerie, Porree, Korianderwurzeln, Salz, Pfeffer und die Schalotten hinzugeben. Bei niedriger Temperatur ca. 1 Stunde köcheln lassen.
3) Den Reis waschen und zusammen mit 200 ml Wasser eine halbe Stunde leicht köcheln lassen, dabei immer wieder umrühren, den Ingwer schälen und in feine Streifen schneiden. Wenn der Reis gar ist, mit der Flüssigkeit in einen Mixer geben und kurz durchmixen, sodass eine cremige Konsistenz entsteht. Die Brühe abseihen und mit dem Reisgemisch in einem großen Topf vermengen. Das Schweinehack in kleinen Klößchen hinzufügen und ein paar Minuten kochen. Die Eier in die Suppe gleiten lassen und nach 2 Minuten von der Kochplatte nehmen. Mit einem Schöpfer 2 Portionen mit je einem Ei anrichten. Mit Frühlingszwiebel, Ingwerstreifen und Koriander garnieren.

Fischsuppe mit Reis und Jakobsmuscheln

Soviel Zeit muss sein: **35 min**

Portionen: **4**

Schwierigkeit: **leicht**

Khao Tom Pla

Zutaten

- 2 Lauchzwiebel
- 2 Schalotten, fein gehackt
- 1 Stange chinesischer Sellerie
- 400 g Jasminreis
- 300 g Kabeljau
- 8 Jakobsmuscheln
- 1,2 L Hühnerbrühe
- 2 EL Sojasauce hell
- 2 EL Fischsauce
- 1 EL Kokosöl
- 1 TL Austernsauce

Zubereitung

1) Zunächst den Reis garen (siehe Grundrezepte). Die Suppenteller im Backrohr erwärmen. Die Lauchzwiebel und den chinesischen Sellerie gut waschen und fein hacken.
2) Danach die Muscheln und den Fisch waschen und den Kabeljau in grobe Stücke schneiden.
3) Eine beschichtete Pfanne erhitzen und etwas Kokosöl hinzufügen. Die Jakobsmuscheln für 4 Minuten anbraten, dabei zur Hälfte wenden, zur Seite stellen und warmhalten.
4) Währenddessen die Hühnerbrühe zum Kochen bringen und die Sojasauce, sowie die Fischsauce dazugeben und die Temperatur etwas zurückdrehen.
5) Anschließend den Fisch ein paar Minuten darin ziehen lassen, herausnehmen und warmhalten, die Suppe bei wenig Temperatur weiterköcheln lassen.
6) Nun die Teller nehmen und den Reis darauf aufteilen. Anschließend die Filetstücke und die Muscheln darauf verteilen, mit dem Gemüse bestreuen, mit der Suppe aufgießen und gleich servieren.

Hühnersuppe mit Tofu

Soviel Zeit muss sein: **50 min**

Portionen: **4**

Schwierigkeit: **leicht**

Tom Jeut Taohu Kai Sap

Zutaten

- 2 Eier
- 5 Korianderwurzeln
- 4 gelbe Möhren
- 4 Lauchzwiebel
- 1 Knoblauchzehe, fein gehackt
- 1 Stange Zitronengras
- 500 g seidiger Tofu
- 300 g Hühnerbrust
- 2 Handvoll Koriander
- 2 L Hühnerbrühe
- 2 EL Fischsauce
- 2 EL Sojasauce hell
- weißer Pfeffer

Zubereitung

1) Zunächst die Lauchzwiebel und den Koriander waschen und fein hacken, das Hühnerfleisch waschen und kleinschneiden, nun das Hühnerfleisch in eine Schüssel geben und mit den 2 Eiern in den Gefrierschrank stellen.
2) Die Möhren schälen, der Längs halbieren und kleinschneiden. Die Korianderwurzel gut waschen. Das Zitronengras waschen und mit der Rückseite eines Messers zerschlagen, sodass die Aromen sich entfalten können. Nach 25 Minuten die Eier, das Hühnerfleisch, die Korianderwurzeln, den Knoblauch und die Hälfte der Sojasauce, sowie der Fischsauce in einen leistungsstarken Mixer geben und alles gut durchmixen, danach in einem Behälter in den Kühlschrank stellen.
3) Einen großen beschichteten Topf aufsetzen und die Hühnerbrühe erwärmen. Währenddessen den Tofu in mundgerechte Stücke schneiden.
4) Die Hühnersuppe mit den Saucen würzen, die Möhren, das Zitronengras und die Lauchzwiebel hinzufügen und für 5 Minuten garen, danach die Temperatur zurückdrehen.
5) Nun aus dem Hühnerfleisch mit 2 TL kleine Nocken formen und in die Suppe geben, zuletzt den Tofu beimengen, das Zitronengras entfernen und mit Koriander bestreut zu Tisch bringen.

Thai Suppe mit Rindfleisch und thailändischem Schnittlauch

Soviel Zeit muss sein: **20 min**

Portionen: **1**

Schwierigkeit: **leicht**

Zutaten

- 1 bis 2 Stiele thailändischer Schnittlauch
- 125 g Rinderfilet
- 375 ml Gemüsebrühe
- ½ EL Chiliöl
- ½ EL gewürfelte Schalotten
- ½ EL gewürfelter Knoblauch
- ½ EL Limettensaft
- ½ TL Fischsauce
- ¼ TL roter Pfeffer
- frisch gemahlener Stangenpfeffer, alternativ schwarzer Pfeffer
- 1 Prise Zitronengraspulver
- 1 Prise Zimt
- 1 Prise Ingwerpulver

Zubereitung

1) Das Rinderfilet trocken tupfen und in feine Streifen schneiden.
2) Das Chiliöl im Wok oder einer Wokpfanne erhitzen, den roten Pfeffer darin unter Rühren anbraten, bis der Pfeffer duftet. Das Rindfleisch beifügen und unter Rühren für eine Minute garen.
3) Die Knoblauch- und Schalottenwürfel zusammen mit dem Zitronengraspulver dazu geben. Mit der Gemüsebrühe und der Fischsauce auffüllen und abgedeckt einmal aufkochen lassen.
4) Die Brühe mit dem Limettensaft, dem Zimt, dem Ingwerpulver und dem schwarzen Pfeffer abschmecken. Zum Abschluss vor dem Servieren mit dem klein gehackten thailändischen Schnittlauch bestreuen.

Tilapia Suppe mit Pak Choi

Soviel Zeit muss sein: **20 min**

Portionen: **1**

Schwierigkeit: **leicht**

Zutaten

- 200 g Pak Choi
- 125 g Tilapiafilet
- 250 ml Fischfond
- 1 ½ frische rote Chilischoten
- 1 Kaffirlimettenblatt
- 1 bis 2 EL gestückelte Tomaten
- 1 bis 2 EL Fischsauce
- ½ EL gewürfelte Schalotten
- ½ EL gewürfelter Knoblauch
- 1 TL Chiliöl
- ¼ TL Garnelenpaste
- 1 Spritzer Limonensaft
- frisch gemahlener schwarzer Pfeffer

Zubereitung

1) Den Pak Choi, waschen und die Blätter in Stücke von 2 cm Größe schneiden. Die Schalotten und den Knoblauch fein würfeln. Die Chilischoten waschen, der Länge nach aufschneiden, entkernen und fein hacken. Das Kaffir-Limettenblatt in feine Streifen schneiden.
2) Das Tilapiafilet trocken tupfen und in Streifen von 1 cm Breite und 4 cm Länge schneiden.
3) Das Chiliöl im Wok erhitzen, die Schalotten- und Knoblauchwürfel darin unter Rühren anbraten bis sie glasig sind.
4) Den Pak Choi und die Hälfte der Chilischoten dazu geben und mit dem schwarzen Pfeffer würzen. Dann für eine Minute unter Rühren garen lassen. Nun den Fischfond, die Garnelenpaste und das Kaffir-Limettenblatt untermengen.
5) Die Tilapiastreifen und die Thai Tomaten beifügen und das Ganze abgedeckt für acht Minuten schmoren lassen.
6) Abschließend die Suppe mit Limonensaft und Fischsauce abschmecken und bestreut mit den übrigen Chilischotenwürfeln servieren.

Currysuppe mit Glasnudeln

Soviel Zeit muss sein: 30 min

Portionen: 4

Schwierigkeit: leicht

Zutaten

- 2 Knoblauchzehen, fein gehackt
- 1 Schalotte, fein gehackt
- 1 Stange Zitronengras
- 1 daumengroßes Stück Ingwer, geschält u. fein gehackt
- 1/2 Limette
- 2 Hühnerfilets
- 120 g Glasnudeln
- 420 ml Hühnerbrühe
- 400 ml Kokosmilch
- 2 EL Kokosöl
- 2 EL rote Currypaste
- 1 EL Fischsauce
- 1 EL Sojasauce hell
- 1 Handvoll Koriander

Zubereitung

1) Zunächst den Knoblauch, die Schalotte und den Ingwer vorbereiten. Die Hühnerfilets waschen und klein schneiden, den Koriander waschen und fein hacken. Das Zitronengras abwaschen und mit dem Rücken eines Messers zerschlagen, die Limette auspressen.
2) Einen beschichteten Topf mit etwas Kokosöl erhitzen und die Schalotte, den Ingwer und den Knoblauch darin andünsten, danach die rote Currypaste beimengen.
3) Nun das Fleisch hinzugeben und kurz andünsten.
4) Die helle Sojasauce und die Fischsauce in den Topf geben, mit der Hühnerbrühe und der Kokosmilch aufgießen und das Zitronengras dazugeben.
5) Für 10 Minuten leicht köcheln lassen, nach 4 Minuten die Glasnudeln in den Topf geben, zum Schluss den Limettensaft, auf Tellern anrichten und mit Koriander bestreuen.

Hühnersuppe mit Kokosmilch – Tom Kha Gai

Soviel Zeit muss sein: **30 min**

Portionen: **2**

Schwierigkeit: **leicht**

Tom Kha Gai

Zutaten

- 3 grüne Thai Chilis
- 3 Kaffirlimettenblätter
- 1 rote Thai Chili, in Scheiben geschnitten
- 1 Stange Zitronengras
- 1 daumengroßes Stück Galgant
- 200 ml Hühnerbrühe
- 200 ml Kokosmilch
- 200 g Hähnchenbrustfilets
- 80 g Champignons
- 1 ½ EL Fischsauce
- 1 EL Tamarindenpaste
- 2 EL Limettensaft
- ½ TL Palmzucker
- 1 Handvoll Koriander

Zubereitung

1) Zunächst einen Topf mit der Hühnerbrühe erhitzen.
2) In der Zwischenzeit das Fleisch waschen und in kleinschneiden, die Champignons waschen und in grobe Scheiben schneiden, das Zitronengras waschen, halbieren und mit dem Rücken eines Messers andrücken. Die grünen Chilis schräg in grobe Scheiben schneiden, den Galgant waschen und in Scheiben schneiden.
3) Nun die Kokosmilch hinzufügen und das Zitronengras, die grünen Chilis, die Kaffirlimettenblätter und den Galgant beimengen, für 3 Minuten köcheln lassen, den Koriander waschen und fein hacken.
4) Das Fleisch und die Pilze zur Suppe geben und für 6 Minuten leicht köcheln lassen. Dann die Saucen, den Palmzucker, den Limettensaft und die Tamarindenpaste hinzugeben.
5) Die Suppe anrichten und mit den roten Chilis und dem Koriander bestreuen.

Gefüllte Gurkensuppe

Soviel Zeit muss sein: **40 min**

Portionen: **2**

Schwierigkeit: **leicht**

Gaeng Jued Taeng Kwa Yad

Zutaten

- 1 Gurke, geschält
- 1 kleine Karotte
- 1 Frühlingszwiebel
- 2 Korianderwurzeln
- 200 g Schweinehack
- 1 EL Gemüsebrühe Pulver
- 1 EL Sojasauce hell
- ½ TL Austernsauce
- 1 Handvoll Koriander
- 600 ml Wasser
- schwarzer Pfeffer

Zubereitung

1) Zunächst die Gurke schälen und die Enden abschneiden, dann in 3 cm große Stücke schneiden und die Stücke aushöhlen. Die Karotte schälen, dann 3/4 davon in dünne Scheiben schneiden und 1/4 der Karotte reiben, die Korianderwurzeln gut waschen und fein hacken, die Frühlingszwiebel und den Koriander waschen und fein schneiden.
2) Nun die geriebene Karotte zusammen mit dem Schweinefleisch und der Austernsauce, der Korianderwurzel und der Sojasauce in einer Rührschüssel gut vermengen.
3) Die Gurkenstücke mit der Schweinefleischmischung befüllen und die beide Enden mit der Rückseite eines Löffels flachdrücken, so viel Schweinefleischmischung wie möglich in jedes Stück Gurke füllen.
4) In einem Topf das Wasser zusammen der restlichen Karotte und 1 EL Gemüsebrühepulver leicht köcheln, auf eine mittlere Hitze zurückdrehen und die gefüllten Gurken hinzugeben, ca. eine Viertelstunde köcheln lassen.
5) Am Ende der Garzeit mit einer Gabel einstechen, um zu testen, ob die Gurke zu hart ist. Wenn sie gar sind, die Suppe mit Sojasauce abschmecken, in Schüsseln füllen und mit den gehackten Frühlingszwiebeln und Koriander bestreuen. Dazu passt gedämpfter Jasminreis.

Rosa gefärbte Nudelsuppe

Soviel Zeit muss sein: **45 min**

Portionen: **2**

Schwierigkeit: **leicht**

Yen Ta Four

Zutaten

- 6 Shiitake Pilze
- 2 Korianderwurzeln
- 2 Schalotten
- 2 daumengroße Stück Rettich, fein geschnitten
- 1 Sternanis
- 1 Stange Zimt
- 1 Knoblauchzehe
- 180 g Reisnudeln
- 80 g frittierter Tofu
- 20 g fermentierter Tofu
- 1 EL Austernsauce
- 1 EL Chilisauce
- 1 EL weißer Essig
- 2 EL Sojasauce hell
- 1 TL Palmzucker
- 1 L Wasser

Zubereitung

1) Zunächst die Pilze waschen, in Stücke schneiden, die Korianderwurzel gut waschen, die Schalotten schälen und grob schneiden
2) In einem großen Topf das Wasser mit den Pilzen, der Korianderwurzel, dem Knoblauch, dem Rettich, den Schalotten, dem Zimt und den Sternanis für ca. 25 köcheln lassen. Am Ende der Garzeit den Palmzucker und die Sojasauce beimengen.
3) Währenddessen die Reisnudeln nach Packungsangabe garen.
4) Dann den fermentierten Tofu klein schneiden, mit der Chilisauce, der Austernsauce und dem Essig vermengen und in den Topf geben.
5) Die Suppe nochmals abschmecken und mit den Reisnudeln in Schüsseln füllen, mit dem frittierten Tofu belegen.

Schnelle Thai Hähnchensuppe

Soviel Zeit muss sein: **25 min**

Portionen: **2**

Schwierigkeit: **leicht**

Zutaten

- 1 Knoblauchzehe, fein gehackt
- 1 daumengroßes Stück Ingwer, fein gerieben
- 1 rote Thai Chili, fein gehackt
- 280 g Hühnerbrustfilets
- 250 ml Hühnerbrühe
- 200 ml Kokosmilch
- 2 EL Limettensaft
- 2 EL Fischsauce
- 40 g Mungobohnen-Sprossen
- 1 EL Kokosöl
- 1 Handvoll Koriander

Zubereitung

1) Den Knoblauch, den Ingwer und die Chili vorbereiten, die Hühnerbrustfilets fein schneiden, den Koriander waschen und fein hacken, die Mungobohnensprossen waschen.
2) Einen großen Topf mit dem Kokosöl erhitzen und den Ingwer, den Chili und den Knoblauch darin andünsten.
3) Die Kokosmilch und die Hühnerbrühe aufgießen, das Fleisch hineingeben und für 6 Minuten köcheln lassen.
4) Danach die Mungobohnensprossen hinzugeben und mit der Fischsauce und dem Limettensaft abschmecken.
5) Auf Teller verteilen und mit dem Koriander garnieren.

Pikante Dschungel Currysuppe

Soviel Zeit muss sein: **35 min**

Portionen: **2**

Schwierigkeit: **leicht**

Gaeng Paa

Zutaten

- 1 Karotte
- 2 Kaffirlimetten-blätter
- 100 g Hokkaido Kürbis
- 80 g Shiitake Pilze
- 80 g Schlangenbohnen
- 2 EL rote Currypaste
- 1 Handvoll heiliger Basilikum (oder Thai)
- 2 EL Sojasauce hell
- 1 L Hühnerbrühe
- 1 EL Kokosöl

Zubereitung

1) Zunächst den Kürbis schälen und in kleine Würfel schneiden, die Karotte schälen und in Scheiben schneiden, die Schlangenbohnen waschen und in 2 – 3 cm lange Stücke schneiden, die Pilze waschen und in Streifen schneiden, das Basilikum waschen und fein hacken.
2) Danach das Kokosöl in einem Topf erhitzen und die Currypaste etwas anrösten.
3) Die Karotte, den Kürbis und die Schlangenbohnenstücke hinzufügen, mit der Hühnerbrühe aufgießen und die Kaffirlimettenblätter hinzufügen. Für ca. 15 Minuten köcheln lassen.
4) Zuletzt die Shiitake hinzugeben und nochmals 5 Minuten auf dem Herd lassen. Mit der Sojasauce abschmecken, mit dem Basilikum bestreuen und anrichten.

Thai Suppe mit Mango

Soviel Zeit muss sein: **20 min + 180 min**

Portionen: **4**

Schwierigkeit: **leicht**

Zutaten

- 2 große reife Mangos, geschält und gewürfelt
- 2 Knoblauchzehen, gehackt
- 1 Schalotte, gewürfelt
- 1 Thai Chili, entkernt und gehackt
- ½ Limette
- 2 EL Kokosöl
- 1 Liter Gemüsebrühe
- 1 Handvoll Koriander
- 4 EL Kokoscreme
- Eine Prise weißer Pfeffer
- Meersalz

Zubereitung

1) Die Mango schälen und in Würfel schneiden, den Koriander waschen und fein hacken, etwas vom Koriander zum Garnieren zur Seite legen, die Knoblauchzehe, die Chili und die Schalotte vorbereiten.
2) In einem großen Topf bei mittlerer Hitze das Kokosöl erhitzen. Die Schalotte hinzufügen und glasig dünsten, danach die gehackten Knoblauch hinzugeben.
3) Im Anschluss die Mangos, die Gemüsebrühe und die Chili in den Topf geben.
4) Die Hitze reduzieren und 15–20 Minuten köcheln lassen, in einen Mixer geben und pürieren.
5) Nun den Koriander, den Saft einer halben Limette und die Kokoscreme hinzufügen.
6) Mit Salz und Pfeffer abschmecken, mit etwas frischem Koriander bestreuen, mit etwas Kokoscreme beträufeln und servieren.

SALATE

Wildlachs mit Papaya Salat

Soviel Zeit muss sein: **35 min**

Portionen: **2**

Schwierigkeit: **leicht**

Zutaten

- 3 Möhren
- 1 großes Wildlachsfilets
- ½ Papaya
- 100 ml Kokosmilch
- 100 g Erdnüsse geröstet
- 25 g Erdnussbutter
- ½ Chinakohl
- ½ Limette
- 1 TL rote Currypaste
- 1 Handvoll Koriander
- Meersalz
- Kokosöl

Zubereitung

1) Zuerst den Koriander waschen und fein hacken, die Möhren schälen und in feine Streifen schneiden, den Kohl waschen und kleinschneiden, die Papaya schälen und ebenfalls in dünne Streifen schneiden. Am besten gelingt dies, wenn man das Gemüse erst mit einem Messer der Längs nach, von oben nach unten mit einem Messer mehrfach einschneidet und dann von oben nach unten mit dem Sparschäler abzieht.
2) Danach die Currypaste mit der Erdnussbutter und der Kokosmilch vermengen.
3) Anschließend im Wok das Kokosöl erhitzen und den Wildlachs für ca. 6-8 Minuten weichgaren, mit etwas Salz würzen. Die Erdnüsse fein hacken.
4) In der Zwischenzeit das Gemüse mit dem Dressing vermengen. Am Ende den Fisch mit einer Gabel in Stücke teilen und mit dem Salat vermengen. Mit dem Koriander und den Erdnüssen bestreuen und etwas Limettensaft beträufeln.

Salat mit gehacktem Schweinefleisch

Soviel Zeit muss sein: **35 min**

Portionen: **2**

Schwierigkeit: **leicht**

Laab Moo

Zutaten

- 2 Lauchzwiebeln
- 1 Kaffirlimettenblatt
- 1 Limette
- ½ Gurke
- 340 g Schweinehackfleisch
- 500 ml Leitungswasser
- 2 EL Fischsauce
- 1 ½ EL gerösteter Reis
- 1 Handvoll Koriander
- 1 Handvoll Minze
- Etwas Chiliflocken
- ein paar Salatblätter

Zubereitung

1) Zunächst die Lauchzwiebeln waschen und in feine Röllchen schneiden, vom Kaffirlimettenblatt den Stiel herausschneiden und in feine Streifen schneiden, die Minze und den Koriander waschen und fein hacken, die Gurke waschen und in Scheiben schneiden, die Salatblätter waschen und trocknen.
2) In einem Topf das Wasser zum Kochen bringen und das Schweinefleisch ein paar Minuten weichkochen, abschöpfen und in eine Schüssel geben.
3) Mit den Lauchzwiebeln und den Kräutern vermengen und mit dem Saft einer Limette und der Fischsauce abschmecken. Die Chiliflocken und den gerösteten Reis hinzufügen und gut vermengen.
4) Die Salatblätter auf Teller anrichten und die Masse darauf verteilen, die Gurkenscheiben dekorativ anrichten. Dazu passt Jasminreis.

Salat mit Garnelen und Glasnudeln

Soviel Zeit muss sein: 20 min

Portionen: 4

Schwierigkeit: leicht

Yam Wun Sen Gung

Zutaten

- 8 Garnelen
- 4 Knoblauchzehen
- 4 rote Thai Chilis
- 2 Schalotten
- 1 rote Paprika
- 1 ½ Limetten
- 300 g Glasnudeln
- 100 g Mungobohnen-Sprossen
- 180 g Geflügelhackfleisch
- 3 EL rote Currypaste
- 8 EL Fischsauce
- 6 EL Chilisauce
- 3 TL Palmzucker
- 1 Handvoll Koriander
- 1 Handvoll geröstete Erdnüsse
- Kokosöl

Zubereitung

1) Zuerst das Gemüse waschen, die Paprika klein schneiden, die Chili putzen und klein hacken, die Limetten auspressen, den Knoblauch schälen und fein hacken, die Schalotten schälen und in Ringe schneiden, die Garnelen und die Mungobohnensprossen waschen. ½ Limette in 4 Scheiben schneiden.
2) Die Glasnudeln nach Packungsvorschrift garen. 7 EL Fischsauce mit der Chilisauce, dem Palmzucker und dem Saft einer Limette vermengen.
3) Nun einen Wok mit etwas Kokosöl erhitzen und das Hackfleisch darin anbraten, nach einer Minute die Currypaste und die Garnelen beimengen und für ein paar Minuten weichgaren, mit 1 EL Fischsauce abschmecken und zur Seite stellen.
4) Nun alle Zutaten, außer den Garnelen und dem Hackfleisch gut miteinander vermengen, auf Schüsseln verteilen, das Fleisch und die Garnelen darauflegen, mit etwas Koriander und den Erdnüssen bestreuen, und je eine Limettenspalte dazu legen.

Salat mit Austernpilzen

Soviel Zeit muss sein: **20 min**

Portionen: **4**

Schwierigkeit: **leicht**

Laab Hed

Zutaten

- 300 g Austernpilze
- 3 Frühlingszwiebel
- 2 Schalotten
- 2 EL gerösteter Reis, Khao Khua
- 2 EL Fischsauce
- etwas Minze
- Saft einer Limette
- Chiliflocken

Zubereitung

1) Zunächst einen Topf mit Wasser aufsetzen und zum Kochen bringen.
2) Währenddessen die Pilze waschen und grob schneiden, die Schalotten schälen und grob schneiden, die Frühlingszwiebel waschen und in Röllchen schneiden, die Minze waschen und die Blätter grob hacken.
3) Nun die Pilze für etwa eine halbe Minute kurz überkochen und mit einem Sieb abtropfen lassen.
4) In einer Schüssel die Pilze mit den restlichen Zutaten vermengen und alles gut verrühren.

Thai Gurkensalat

Soviel Zeit muss sein: 50 min

Portionen: 4

Schwierigkeit: leicht

Zutaten

- 2 Gurken
- 2 Schalotten
- 2 Knoblauchzehen, fein gehackt
- 1 rote Thai Chili
- ½ Limette
- 80 g Erdnüsse, geröstet
- 4 EL Wasser
- 2 EL weißer Essig
- 2 EL Sweet Chilisauce
- 1 EL Fischsauce
- 2 TL Palmzucker
- 1 Handvoll Koriander
- Chiliflocken

Zubereitung

1) Die Chili putzen und fein hacken, den Koriander waschen und ebenfalls fein hacken, die Gurken schälen, in Hälften schneiden und von den Kernen befreien, die Schalotten schälen und in Scheiben schneiden, die Erdnüsse fein hacken.
2) Für das Dressing den Essig mit dem warmen Wasser vermengen und den Palmzucker darin auflösen, mit den Schalotten und den Gurken in einer Schüssel vermengen, für 20 Minuten in den Kühlschrank stellen.
3) In einem heißen Wok den Knoblauch kurz anbraten, sodass er etwas Farbe annimmt, sofort herausnehmen.
4) Danach alle restlichen Zutaten mit dem Salat vermengen, den Saft einer halben Limette hinzugeben, abschmecken, in Schüssel füllen und mit dem Koriander und ein paar Chiliflocken bestreuen.

Thailändischer Rindfleischsalat

Soviel Zeit muss sein: **90 min**

Portionen: **2**

Schwierigkeit: **leicht**

Nam Tok Neua

Zutaten

Für das Rindfleisch

- 300 g Rumpsteak
- 1 EL helle Sojasauce
- 1 EL schwarzer Pfeffer

- 1 EL gerösteter Reis
- 2 EL Fischsauce
- 1 EL Chiliflocken
- 2 EL Limettensaft
- 1 TL Palmzucker
- 1 Frühlingszwiebel
- 4 Schalotten
- 1 Handvoll Koriander
- 1 Handvoll Minze
- Kokosfett

Zubereitung

1) Das Gericht ist in ca. 30 Minuten zubereitet, jedoch sollte das Fleisch zumindest eine Stunde mariniert werden. Dazu das Rumpsteak mit der Sojasauce und dem Pfeffer marinieren und in einem Teller zur weiteren Verwendung aufbewahren.
2) Währenddessen die Minze und den Koriander waschen und fein hacken, die Frühlingszwiebel waschen und in Streifen schneiden, die Schalotten schälen und fein hacken.
3) Nun das Fleisch in einer heißen Grillpfanne mit etwas Kokosfett je Seite 4 – 5 (je nach Dicke) anbraten und für 6 – 10 Minuten auf einem warmen Platze ruhen lassen, danach gegen die Faser in Streifen schneiden.
4) In einer Schüssel alle Zutaten gut miteinander vermengen, in Schüsseln füllen und mit ein paar Korianderblätter und Chiliflocken bestreuen.

Scharfer Tintenfisch Salat

Soviel Zeit muss sein: **15 min**

Portionen: **2**

Schwierigkeit: **leicht**

Yam Pla Mük

Zutaten

- 250 g Tintenfische
- 2 rote Thai Chilis
- 2 Schalotten
- 1 Lauchzwiebel
- 1 daumengroßes Stück Ingwer
- 1 Stange Zitronengras
- 3 EL Limettensaft
- 2 EL Fischsauce
- 1 TL Palmzucker
- 1 Handvoll Koriander
- etwas Minze

Zubereitung

1) Zunächst den Koriander und die Minze waschen und fein hacken, die Chili putzen und fein hacken, die Schalotten, die Lauchzwiebel und das Zitronengras schälen und in feine Ringe schneiden, den Ingwer schälen und fein hacken. Die Tintenfische innen und außen gründlich waschen und in Ringe schneiden.
2) Nun einen großen Topf mit Wasser zum Kochen bringen und den Tintenfisch darin für ca. 3 Minuten weich garen und abtrocknen, in eine Schüssel geben.
3) Die Fischsauce mit dem Limettensaft und dem Palmzucker hinzugeben und gut vermischen.
4) Nun alle restlichen Zutaten in die Schüssel geben und alles gut miteinander vermengen, abschmecken, in Schüsseln füllen und mit etwas frischen Koriander bestreuen.

Thai Salat mit Papaya

Soviel Zeit muss sein: 15 min

Portionen: 2

Schwierigkeit: leicht

Som Tam Thai

Zutaten

- ½ Papaya
- 2 kleine Knoblauchzehen
- 2 Thai Chilis
- 4 Cocktailtomaten
- 40 g Schlangenbohnen
- 1 Limette
- 2 EL Fischsauce
- 1 EL getrocknete Garnelen
- 1 TL Palmzucker
- 1 Handvoll geröstete Erdnüsse

Zubereitung

1) Den Knoblauch schälen und fein hacken, die Chili waschen, putzen und fein hacken. Die Schlangenbohnen waschen, in ca. 3 cm lange Stücke schneiden und für ein paar Minuten blanchieren, die Papaya entkernen und in längliche Streifen schneiden, die Tomaten waschen und vierteln, die Erdnüsse grob hacken, die Limette auspressen.
2) In einer Schüssel die Fischsauce, den Saft einer Limette und den Palmzucker miteinander verrühren.
3) Das Gemüse und die getrockneten Garnelen mit dem Dressing vermengen und zum Schluss mit den gehackten Erdnüssen bestreut servieren.

Thai Rinderhackfleisch Salat

Soviel Zeit muss sein: **20 min**

Portionen: **2**

Schwierigkeit: **leicht**

Laab Nüa

Zutaten

- 220 g Rinderhack
- 3 Schalotten
- 2 Lauchzwiebel
- 1 Limette
- 1 Gurke
- 1 grüne Thai Chili
- 1 Thai Chili getrocknet
- 4 EL Fischsauce
- 1 TL Palmzucker
- 1 Handvoll Koriander
- 1 Handvoll Minze
- 1 EL gerösteter Reis

Zubereitung

1) Zuerst die Gurke waschen, schälen, in Hälften schneiden und entkernen, die grüne Chili putzen und in Ringe schneiden, die getrocknete Chili im Mörser zerstampfen, oder fein hacken, die Lauchzwiebeln wachen und schräg in Scheiben schneiden, die Schalotten schälen und in feine Ringe schneiden, die Kräuter waschen und fein hacken, die Limette auspressen.
2) Einen großen Topf mit Wasser zum Kochen bringen und das Rinderhackfleisch darin ca. 6-8 Minuten garkochen.
3) Währenddessen in einer Schüssel die Fischsauce mit dem Palmzucker, der getrockneten Chili und der grünen Chili vermengen. Danach das Gemüse hinzugeben. Wenn das Hackfleisch gar ist, mit 2-3 EL des Kochwassers und dem gerösteten Reis hinzufügen, alle restlichen Zutaten in die Schüssel geben und gut miteinander vermengen, abschmecken.
4) Mit etwas Koriander bestreut servieren.

Thai Salat mit Zitronengras

Soviel Zeit muss sein: **35 min**

Portionen: **4**

Schwierigkeit: **leicht**

Yam Dtakrai

Zutaten

- 350 g Geflügel Hackfleisch
- 12 Garnelen
- 4 Stangen Zitronengras
- 4 Schalotten
- 2 Limetten
- 2 Thai Chilis
- 6 EL Fischsauce
- 1 Handvoll Koriander
- 1 TL Palmzucker
- Chiliflocken

Zubereitung

1) Die Schalotten schälen und in feine Ringe schneiden, die Chilis putzen und fein hacken, das Zitronengras schälen und fein hacken, den Koriander waschen und ebenfalls fein hacken, die Limetten auspressen, die Garnelen vorbereiten.
2) Nun einen Topf mit Wasser aufsetzen und zum Kochen bringen, das Geflügel Hackfleisch darin für ca. 6-8 Minuten garkochen, ca. zur Hälfte der Zeit die Garnelen hinzufügen.
3) In der Zwischenzeit die Fischsauce mit dem Limettensaft und dem Palmzucker vermengen, die Chilis, die Schalotten und das Zitronengras hinzufügen.
4) Wenn das Fleisch und die Garnelen gar sind, zum Dressing geben und 4 EL des Kochwassers hinzufügen.
5) Zuletzt abschmecken und mit etwas Koriander und Chiliflocken bestreuen und anrichten.

Scharfer Garnelen-Brokkoli-Salat

Soviel Zeit muss sein: 20 min

Portionen: 2

Schwierigkeit: leicht

Yum Broccoli

Zutaten

- 100 g gehacktes Schweinefleisch
- 8 Cocktailtomaten
- 6 Garnelen
- 3 Thai Chilis
- 2 Schalotten, in Ringe geschnitten
- 1 Brokkoli Strunk, geschält, in Streifen geschnitten
- 1 Handvoll Sellerieblätter
- 2 EL Limettensaft
- 1 EL Fischsauce
- 1 TL Palmzucker

Zubereitung

1) Zuerst die Cocktailtomaten waschen und vierteln, die Chilis putzen und fein hacken, die Schalotten, den Brokkoli und die Sellerieblätter vorbereiten.
2) Einen großen Topf mit Wasser zum Kochen bringen, danach die Brokkolistücke ein paar Minuten weichgaren, herausnehmen und in eine Schüssel geben
3) Nun die Garnelen in das Wasser geben und ebenfalls für 3-4 Minuten weichkochen, zu dem Brokkoli in die Schüssel geben.
4) Nun das Hackfleisch darin für ca. 6-8 Minuten garkochen und in eine zweite Schüssel geben, mit der Fischsauce, dem Limettensaft, dem Palmzucker, 2-3 EL des Kochwassers und den Chilis gut vermengen.
5) Zum Schluss die Kirschtomaten, die Sellerieblätter, die Schalotten und den Brokkoli und die Garnelen hinzugeben, alles miteinander vermischen und abschmecken.

Scharfer Sardinensalat

Soviel Zeit muss sein: 10 min

Portionen: 2

Schwierigkeit: leicht

Yum Pla Grapong

Zutaten

- 2 Schalotten
- 2 Stangen Zitronengras
- 2 grüne Thai Chilis
- 1 Lauchzwiebel
- 1 Dose Sardinen, in Tomatensauce
- 1 Handvoll Minze
- ¼ Gurke
- 2 EL Limettensaft
- 2 EL Fischsauce

Zubereitung

1) Die Lauchzwiebel waschen und in Röllchen schneiden, das Zitronengras schälen und in feine Scheiben schneiden, die Schalotten schälen und in Scheiben schneiden, die Thai Chilis waschen und schräg in Ringe schneiden, die Gurke schälen und in Scheiben schneiden.
2) Nun einen Topf erhitzen und die Sardinen mit der Tomatensauce darin für ca. 3-4 Minuten erhitzen und in eine Schüssel geben.
3) Danach mit allen vorbereiteten Zutaten, außer der Gurke vermengen und zuletzt die Minze dazugeben, abschmecken und mit den Gurkenscheiben anrichten. Dazu passt sehr gut Jasminreis.

Scharfer Thai Instant Nudelsalat

Soviel Zeit muss sein: **20 min**

Portionen: **2**

Schwierigkeit: **leicht**

Yum Mama

Zutaten

- 1 Pkg. Instant Nudeln
- 50 g Schweinehack
- 4-6 Champignons
- 4 Cocktailtomaten
- 2 rote Thai Chilis
- 2 Frankfurter Würste
- 2 Schalotten
- 1 Handvoll Sellerieblätter
- 1 TL Zucker
- 1 EL Chili Paste
- 1 ½ EL Fischsauce
- 1 ½ EL Limettensaft

Zubereitung

1) Zunächst die Würste schräg in Scheiben schneiden, die Sellerieblätter vorbereiten, die Champignons waschen und in Scheiben schneiden, die Chilis waschen und in Ringe schneiden, die Cocktailtomaten waschen und halbieren, die Schalotten schälen und grob schneiden.
2) Nun einen Topf mit etwas Wasser erhitzen und darin die Pilze für etwa 2-3 Minuten kochen und herausnehmen.
3) Anschließend die Frankfurter, sowie die Instant Nudeln darin für etwa 2 Minuten kochen, bzw. so lange bis die Nudeln gar sind.
4) Währenddessen einen zweiten Topf mit wenig Wasser erhitzen und darin das Hackfleisch garkochen und in eine Schüssel geben.
5) Danach die Chilis, den Limettensaft, den Zucker, die Chilipaste und die Fischsauce mit dem Hackfleisch gut vermengen.
6) Zuletzt alle Zutaten miteinander vermengen, abschmecken und servieren.

Thai Salat mit Tofu

Soviel Zeit muss sein: **20 min**

Portionen: **2**

Schwierigkeit: **leicht**

Yam Dtau Hu

Zutaten

- 220 g Tofu
- 4 Cocktailtomaten
- 1 Handvoll Koriander
- 1 Lauchzwiebel
- 1 Thai Chili
- 1 Pkg. Enoki Pilze
- 3 EL Sojasauce hell
- ½ Limette
- 1 TL Palmzucker
- 1 Handvoll geröstete Erdnüsse

Zubereitung

1) Zuerst die Enoki Pilze waschen und das untere Ende abschneiden, die Erdnüsse hacken, den Tofu in Würfel schneiden, die Chili waschen, putzen und fein hacken, die Lauchzwiebel waschen und in Röllchen schneiden, den Koriander waschen und fein hacken, die Limette auspressen und die Tomaten waschen und vierteln.
2) Nun in einem Topf den Tofu für ein paar Minuten weich garen.
3) In einer Schüssel den Limettensaft mit der Sojasauce und dem Palmzucker vermengen, den Tofu hinzufügen.
4) Zuletzt alle Zutaten, außer den Erdnüssen und etwas vom Koriander miteinander vermengen und mit den Erdnüssen und den Koriander bestreuen und servieren.

Glasnudel Salat

Soviel Zeit muss sein: **10 min**

Portionen: **1**

Schwierigkeit: **leicht**

Yum Woon Sen

Zutaten

- 200 g Schweinehackfleisch
- 80 g Glasnudeln
- 8 Garnelen
- 4 rote Thai Chilis
- 2 Schalotten
- 2 Tomaten
- 1 Handvoll Sellerieblätter
- 6 EL Fischsauce
- 5 EL Limettensaft
- 1 TL Palmzucker

Zubereitung

1) Zunächst die Garnelen waschen, die Schalotten schälen und in feine Scheiben schneiden, die Sellerieblätter waschen, die Chilis waschen und fein hacken und die Tomaten waschen, halbieren und in Scheiben schneiden.
2) Einen großen Topf mit Wasser erhitzen und das Schweinefleisch für ca. 6-8 Minuten garkochen, zur Hälfte der Zeit die Garnelen hinzufügen. Herausnehmen und mit 3 EL des Kochwassers in eine Schüssel geben.
3) Nun die Glasnudeln in das noch heiße Wasser geben und für 3-4 Minuten ziehen lassen, bis sie gar sind.
4) Alle restlichen Zutaten in die Schüssel mit dem Schweinefleisch und den Garnelen geben, gut verrühren und abschmecken.

THAI GERICHTE

Gebratenes Suki Hühnchen mit Glasnudeln

Soviel Zeit muss sein: **20 min**

Portionen: **2**

Schwierigkeit: **leicht**

Suki Haeng

Zutaten

- 200 g Hühnchenbrust
- 60 g Glasnudeln
- ½ Chinakohl
- 2 Eier
- 2 Knoblauchzehen
- 2 Frühlingszwiebel
- 1 Handvoll Sellerieblätter
- 2 EL Austernsauce
- 1 ½ EL Sojasauce
- 120 ml Suki Sauce
- Kokosöl

Zubereitung

1) Die Glasnudeln für eine Viertelstunde in kaltem Wasser einweichen, währenddessen das Gemüse waschen, die Frühlingszwiebeln in Streifen schneiden, den Chinakohl fein hacken, das Hühnchen waschen und kleinschneiden, die Sellerieblätter grob hacken, den Knoblauch schälen und fein hacken.
2) Danach etwas Kokosöl in einem Wok bei hoher Temperatur erhitzen und den Knoblauch kurz anbraten, nach 15 Sekunden das Hühnchen hinzufügen und ein paar Minuten anbraten.
3) Nun die Eier hineinschlagen und den Chinakohl beimengen.
4) Alles gut miteinander vermengen und dann die Glasnudeln und 3 EL der Suki Sauce hinzugeben.
5) Die Austernsauce und die Sojasauce, sowie die Frühlingszwiebel und die Sellerieblätter in den Wok geben und gut verrühren, für 2-3 Minuten braten, auf Teller anrichten und mit der Sauce als Dip servieren.

Thai Hackfleischtopf

Soviel Zeit muss sein: 35 min

Portionen: 2

Schwierigkeit: leicht

Zutaten

- 2 Schalotten
- 1 rote Thai Chili
- 1 Frühlingszwiebel
- 1 kleine Knoblauchzehe
- 1 Limette
- 250 g Hackfleisch gemischt
- 120 g Mungobohnensprossen
- 120 g Jasminreis
- 70 g TK Erbsen
- 30 g geröstete Erdnüsse, gehackt
- 3 EL Sojasauce
- 1 EL Fischsauce
- Kokosöl

Zubereitung

1) Zuerst den Reis kochen, währenddessen die Schalotten und den Knoblauch schälen und fein hacken, die Chili putzen und in feine Streifen schneiden, die Mungobohnen waschen, die Limette auspressen und von der Hälfte die Schale abreiben, die Frühlingszwiebel waschen und in feine Röllchen schneiden.
2) Nun einen Wok mit dem Kokosöl erhitzen und das Hackfleisch darin anbraten, den Knoblauch, die Schalotten und die Chili hinzufügen.
3) Wenn das Hackfleisch durchgegart ist, die Erbsen beimengen und für 2-3 Minuten mitkochen, zuletzt für ca. 1 Minute die Mungobohnensprossen, sowie den Limettensaft und die Schale hinzugeben, mit Sojasauce und Fischsauce abschmecken.
4) Mit den Erdnüssen und den Frühlingszwiebeln bestreuen und mit dem Reis servieren.

Gebratene Garnelen mit Pilzen

Soviel Zeit muss sein: **20 min**

Portionen: **2**

Schwierigkeit: **leicht**

Zutaten

- 18 Garnelen
- 2 Frühlingszwiebeln
- 1 Karotte
- 120 g Shiitake
- 1 EL Fischsauce
- 1 EL Austernsauce
- 1 EL helle Sojasauce
- 1 EL Stärke
- Kokosöl

Zubereitung

1) Die Garnelen waschen, die Karotte schälen und in Scheiben schneiden, die Frühlingszwiebeln waschen und schräg in Streifen schneiden, die Shiitake waschen und in Streifen schneiden, die Karotte schälen und in Scheiben schneiden.
2) Danach die Stärke in 2 EL heißem Wasser auflösen und die Fischsauce, die Austernsauce und die Sojasauce vermengen.
3) Einen Wok mit dem Kokosöl erhitzen und die Garnelen für eine halbe Minute scharf anbraten, die Karotten hinzufügen und nach 1 Minute die Shiitake Pilze beimengen. Gut miteinander verrühren und die Sauce in den Wok geben.
4) Zusätzlich noch 1-2 EL Wasser hinzufügen um ein Austrocknen zu verhindern. Zuletzt die Frühlingszwiebel in den Wok geben und für ca. 1 Minute mitbraten.
5) Auf Teller anrichten und mit Jasminreis servieren.

Thai Gemüse aus dem Wok

Soviel Zeit muss sein: **20 min**

Portionen: **2**

Schwierigkeit: **leicht**

Pad Pak Ruammit

Zutaten

- 4 Champignons
- 1 Karotte
- 1 rote Paprika
- 1 Knoblauchzehe
- 120 g Brokkoli
- 100 g Zuckerschoten
- 100 g Babymais
- 1 EL Sesamöl
- 1 EL Sojasauce
- 2 EL Wasser
- 2 EL Austernsauce
- 1 TL Zucker
- weißer Pfeffer

Zubereitung

1) Zunächst das Gemüse waschen, die Karotten in Scheiben schneiden, den Babymais der Längs nach halbieren, den Knoblauch schälen und fein hacken, den Brokkoli in kleine Röschen zerteilen, die Zuckerschoten schräg halbieren, den Paprika waschen, entkernen und in Streifen schneiden und die Champignons in Scheiben schneiden.
2) Anschließend die Sojasauce mit der Austernsauce, dem Wasser, etwas Pfeffer und dem Zucker in einer Schüssel gut vermengen.
3) Einen Wok mit dem Sesamöl auf hohe Temperatur erhitzen und zuerst die Karotten hinzufügen und für 1-2 Minuten anbraten.
4) Danach den Brokkoli, die Zuckerschoten und den Babymais hinzufügen und alles für 1-2 Minuten anbraten, dabei stetig umrühren.
5) Die Champignons, den Paprika und die Sauce hinzufügen und alles noch für ein paar Minuten dünsten, bis das Gemüse weich ist. Dazu passt Jasminreis.

Gedämpfter Fisch mit Chili-Limetten-Sauce

Soviel Zeit muss sein: **10 min**

Portionen: **2**

Schwierigkeit: **leicht**

Pla Nueng Ma Nao

Zutaten

- 2 Lachsfilets
- 2 rote Thai Chilis
- 2 Knoblauchzehen
- 1 Frühlingszwiebel
- ½ Limette
- 2 EL Fischsauce
- 1 Handvoll Koriander
- 1 TL Palmzucker

Zubereitung

1) Den Lachs waschen und für ca. 10 Minuten in einem Dampfgarer weich garen.
2) Währenddessen die Frühlingszwiebel waschen und schräg in Streifen schneiden, die Limette auspressen, den Knoblauch schälen und fein hacken, die Chili putzen und fein hacken, den Koriander waschen und grob hacken. Alle Zutaten bis auf den Koriander in einer Schüssel gut vermengen.
3) Wenn der Fisch fertig ist die Sauce über den Fisch geben und mit etwas Koriander bestreuen, dazu passt Jasminreis.

Thai Garnelenpfanne mit roter Currypaste

Soviel Zeit muss sein: **20 min**

Portionen: **2**

Schwierigkeit: **leicht**

Goong Pad Prik Nom Sod

Zutaten

- 16 Garnelen
- 1 rote Paprika
- 100 g grüne Bohnen
- 2-3 Kaffirlimettenblätter
- 1 Handvoll Thai Basilikum
- 3 EL rote Currypaste
- 3 EL Kokosöl
- 2 EL Kokoscreme
- 1 EL helle Sojasauce
- 1 EL Fischsauce
- 1 TL Palmucker
- weißer Pfeffer

Zubereitung

1) Die Garnelen waschen, die rote Paprika waschen, entkernen und in Streifen schneiden, die Limettenblätter waschen, vom Strunk entfernen und in feine Streifen schneiden, den Basilikum waschen und fein hacken, die Bohnen waschen und halbieren.
2) Einen Wok mit dem Kokosöl erhitzen und die Currypaste darin für eine halbe Minute anbraten.
3) Danach die Sojasauce, die Kokoscreme, die Fischsauce und den Zucker hinzufügen und gut verrühren.
4) Nun Bohnen, die Garnelen, die Paprika, die Limettenblätter und den Pfeffer hinzufügen und alles für ein paar Minuten anbraten.
5) Mit dem Basilikum bestreuen und mit Jasminreis servieren.

Thai Fischcurry

Soviel Zeit muss sein: **20 min**

Portionen: **2**

Schwierigkeit: **leicht**

Gaeng Kua Pla Cha om

Zutaten

- 280 g Kabeljau
- 80 g Akazientriebe (Cha-om)
- 200 ml Kokosmilch
- 4 Kaffirlimettenblätter
- 3 EL rote Currypaste
- 1 EL Limettensaft
- 1 EL Fischsauce
- 1 TL Palmzucker
- 1 Handvoll Koriander
- Kokosöl

Zubereitung

1) Zunächst den Kabeljau waschen und in grobe Stücke schneiden, die Akazientriebe waschen und grob hacken, die Limettenblätter waschen, den Koriander waschen und fein hacken.
2) Einen Wok mit Kokosöl erhitzen und 3 EL Currypaste darin für 1 Minute anbraten, mit der Kokosmilch ablöschen.
3) Den Palmzucker, die Fischsauce und den Limettensaft hinzufügen und den Zucker darin unter Rühren auflösen.
4) Zuletzt den Kabeljau für ein paar Minuten darin dünsten, auf tiefe Teller verteilen, mit etwas Koriander bestreuen, dazu passt gedämpfter Jasminreis.

Schweinefleisch Hackfleischbällchen

Soviel Zeit muss sein: **30 min**

Portionen: **2**

Schwierigkeit: **leicht**

Zutaten

- 240 g Schweinehackfleisch
- 180 g gedämpfter Jasminreis
- 80 g Tempuramehl
- 40 g Kokosflocken
- 2 Kaffirlimettenblätter
- 1 Ei
- 1 EL rote Currypaste
- ½ TL Palmzucker
- ½ TL Meersalz
- ein paar Minzblätter
- Chiliflocken
- Frittieröl

Zubereitung

1) Zuerst den Reis dämpfen, die Limettenblätter waschen, den Stiel entfernen und fein hacken, die Minzblätter waschen und fein hacken. Das Schweinehackfleisch mit den Limettenblättern, dem Salz und dem Zucker und der Currypaste in eine Schüssel geben und gut vermengen, danach das Ei und die Kokosflocken hinzufügen.
2) Das Tempuramehl mit etwas Wasser vermengen und zum Fleisch geben, vermengen und Fleischbällchen daraus formen.
3) Anschließend für ca. 5 Minuten herausbacken und auf Küchenpapier abtropfen und abkühlen lassen.
4) Nun die Fleischbällchen grob zerteilen und die Minzeblätter untermischen, mit Chiliflocken bestreuen und mit dem Jasminreis servieren.

Thailändische Tintenfischpfanne

Soviel Zeit muss sein: **25 min**

Portionen: **2**

Schwierigkeit: **leicht**

Pad Ka Prao Pla Mük

Zutaten

- 500 g Tintenfische
- 200 g Schlangenbohnen
- 80 g Thai Holy Basilikum
- 3 Knoblauchzehen
- 3 rote Thai Chilis
- 1 grüne Thai Chili
- 8 EL Austernsauce
- 6 EL Wasser
- 3 EL Sojasauce hell
- 1 TL Palmzucker
- Kokosöl
- 1 Handvoll Koriander

Zubereitung

1) Den Koriander waschen und die Blätter von den Stielen trennen, den Basilikum waschen und fein hacken, die Schlangenbohnen waschen und in Stücke schneiden, die Chilis putzen und grob schneiden, den Knoblauch schälen, die Tintenfische in Ringe schneiden, die Korianderstiele grob hacken. In einem Mörser die Chilis mit den Korianderstielen und den dem Knoblauch vermengen.
2) Einen Wok mit etwas Kokosöl erwärmen und die Chili-Koriander-Knoblauch Mischung darin kurz anbraten, danach den Tintenfisch hinzufügen und dünsten.
3) Anschließend das Wasser, die Saucen und den Palmucker darin auflösen. Die Schlangenbohnen hinzufügen und noch ein paar Minuten weichgaren, in der letzten Minute das Basilikum beimengen.
4) Auf Teller verteilen und mit Koriander bestreuen. Dazu passt gedämpfter Jasminreis.

Thai Gemüsecurry

Soviel Zeit muss sein: **30 min**

Portionen: **2**

Schwierigkeit: **leicht**

Zutaten

- 2 Karotten
- 2 rote Thai Chilis
- 1 Brokkoli
- 1 Paprika
- 1 Zucchini
- 2 Schalotten
- 1 Knoblauchzehe
- 1 daumengroßes Stück Ingwer
- 2 EL Fischsauce
- 1 EL Sesamöl
- 1 EL rote Currypaste
- 120 ml Kokosmilch

Zubereitung

1) Zuerst die Schalotten und den Knoblauch schälen, die Schalotten in feine Scheiben schneiden, den Knoblauch fein hacken, die Chilis waschen und fein hacken, den Brokkoli waschen und in Röschen zerteilen, die Karotten schälen und in feine Streifen schneiden, die Zucchini waschen und in feine Streifen schneiden, den Ingwer schälen und fein hacken, die Paprika waschen, entkernen und in Streifen schneiden.
2) Nun einen Wok mit etwas Kokosöl erhitzen und die Currypaste für ca. 20 Minuten scharf anbraten, dann zuerst die Karotten und den Brokkoli mit etwas Sesamöl hinzufügen, für eine Minute unter ständigem Rühren anbraten und danach das restliche Gemüse, sowie die Fischsauce hinzufügen.
3) Ein paar Minuten dünsten, mit der Kokosmilch aufgießen und nochmals 5-6 Minuten leicht köcheln lassen.
4) Abschmecken, auf Tellern anrichten und mit Jasminreis servieren.

Gebratene Garnelen mit Zuckerschoten

Soviel Zeit muss sein: **15 min**

Portionen: **2**

Schwierigkeit: **leicht**

Goong Pad Man Puu Sa Weuy

Zutaten

- 18 Garnelen
- 160 g Zuckerschoten
- 2 Knoblauchzehen
- 2 EL Garnelenpaste
- 2 EL Austernsauce
- ½ EL Fischsauce
- Kokosöl
- Chiliflocken
- etwas weißer Pfeffer

Zubereitung

1) Zunächst den Knoblauch schälen und fein hacken, die Zuckerschoten waschen und schräg halbieren, die Garnelen waschen.
2) Danach einen Wok mit dem Öl erhitzen und den Knoblauch sowie die Garnelen für ca. 1 Minute anbraten.
3) Die Sojasauce, die Austernsauce, sowie die Garnelenpaste hinzugeben und vermengen, danach die Zuckerschoten beimengen.
4) Mit etwas weißen Pfeffer würzen und auf Teller verteilen, mit Chiliflocken bestreuen und mit Jasminreis servieren.

Thai-Auberginen Hähnchen Pfanne

Soviel Zeit muss sein: **25 min**

Portionen: **2**

Schwierigkeit: **leicht**

Pad Ped Gai

Zutaten

- 400 g Hähnchenbrustfilets
- 4 Thai Auberginen, Ma Khuea Pro
- 4 Kaffirlimettenblätter
- 2 rote Thai Chilis
- 4 EL rote Currypaste
- 4 EL Wasser
- 4 EL Kokoscreme
- 3 EL frische grüne Pfefferkörner
- 100 g Schlangenbohnen
- 1 Handvoll Thai Basilikum
- 2 EL Fischsauce
- 1 EL Palmzucker
- Kokosöl

Zubereitung

1) Die Hähnchenbrustfilets waschen und in Würfel schneiden, die Thai Auberginen waschen und vierteln, die Schlangenbohnen waschen und in Stücke schneiden, die Chilis waschen und schräg in Ringe schneiden, den Basilikum waschen und grob hacken, die Limettenblätter vom Strunk entfernen.
2) Eine Pfanne mit Kokosöl erhitzen und die rote Currypaste für eine halbe Minute anbraten, danach das Fleisch dazugeben und nach ca. 2 Minuten die Kokoscreme, den Zucker, die Fischsauce und das Wasser beimengen und gut vermischen.
3) Die Chilis, die Schlangenbohnen, die Pfefferkörner und die Thai Auberginen in den Wok geben, umrühren und danach die Limettenblätter und das Basilikum hinzufügen.
4) Für ein paar Minuten fertig garen und auf Teller anrichten, mit Jasminreis servieren.

Schweinefleisch mit Bambussprossen

Soviel Zeit muss sein: **20 min**

Portionen: **2**

Schwierigkeit: **leicht**

Pad Prik Nor Mai Moo Sub

Zutaten

- 200 g Schweinehackfleisch
- 200 g Bambussprossen
- 8 schwarze Pfefferkörner
- 6 Korianderstiele
- 3 Knoblauchzehen
- 3 rote Thai Chilis
- 2 große grüne Chilis
- 2 EL Fischsauce
- 1 EL Sojasauce
- 1 TL Palmzucker
- 1 Handvoll Thai Basilikum
- Kokosöl

Zubereitung

1) Die grünen Chilis waschen und schräg schneiden, die roten Chilis waschen und grob schneiden, den Knoblauch schälen und fein hacken, das Thai Basilikum und die Korianderstiele waschen. Die Stiele mit dem Pfeffer und den roten Chilis im Mörser zerstampfen.
2) Einen Wok mit etwas Kokosöl erhitzen und die Paste kurz für 15 Sekunden scharf anbraten, danach das Schweinefleisch hinzufügen.
3) Nach einer Minute die grünen Chilis, die Sojasauce, die Fischsauce, den Palmzucker und die Bambussprossen hinzufügen.
4) Für ein paar Minuten dünsten, bist das Fleisch durch ist, am Ende das Basilikum dazugeben.
5) Auf Tellern anrichten und mit Jasminreis servieren.

Thai Panang Curry

Soviel Zeit muss sein: **25 min**

Portionen: **4**

Schwierigkeit: **leicht**

Gaeng Panang Gai

Zutaten

- 400 g Hühnerbrustfilets
- 90 g Currypaste Panang
- 20 g Erdnüsse, geröstet
- 2 rote Thai Chilis
- 400 ml Kokosmilch
- 4 EL Fischsauce
- 2 TL Palmzucker
- 1 Handvoll Thai Basilikum
- 1 Handvoll Koriander
- Kokosfett

Zubereitung

1) Zunächst das Fleisch waschen und in Würfel schneiden, die Chilis waschen und fein hacken, das Basilikum und den Koriander waschen und fein hacken, die Erdnüsse im Mörser zerstampfen.
2) Einen Wok mit Kokosfett erhitzen und die Currypaste für eine halbe Minute anbraten, die Erdnüsse hinzufügen und umrühren.
3) Nun die Chilis und das Fleisch hinzugeben und eine Minute anbraten, dann den Zucker und die Fischsauce beimengen.
4) Die Kokosmilch hinzugeben und köcheln bis das Fleisch gar ist, zuletzt das Thai Basilikum für ca. eine Minute mit garen.
5) Auf Teller anrichten und mit Koriander bestreuen. Dazu passt Jasminreis.

Gelbes Thaicurry

Soviel Zeit muss sein: **35 min**

Portionen: **2**

Schwierigkeit: **leicht**

Gaeng Kari Gai

Zutaten

- 200 g Hühnchenbrustfilets
- 2-3 Kartoffeln
- 2 Schalotten
- 1 Knoblauchzehe
- 1 daumengroßes Stück Ingwer
- 200 ml Kokosmilch
- 2 EL Kokosöl
- 1 EL gelbe Currypaste
- 1 EL Fischsauce
- ½ EL Sojasauce
- 1 TL Erdnussbutter
- ½ TL Palmzucker
- 1 Handvoll Koriander

Zubereitung

1) Die Schalotten, den Knoblauch und den Ingwer schälen und fein hacken, die Hühnchenbrustfilets waschen und grob schneiden.
2) Danach die gelbe Currypaste mit dem Knoblauch, dem Ingwer, der Sojasauce, der Fischsauce, dem Palmzucker und 1 EL Kokosöl vermengen und für 20 Minuten marinieren.
3) Die Kartoffeln schälen und in kleine Stücke zerteilen.
4) Nun einen Wok mit etwas Kokosöl erhitzen und darin 1 TL der Currypaste für 20 Sekunden anbraten, dann die Kartoffeln und die Schalotten hinzufügen und mit der Kokosmilch aufgießen, für eine Viertelstunde leicht köcheln lassen, dann das Fleisch dazugeben.
5) Für ca. 5-6 Minuten garen bis das Fleisch gar ist, auf Teller verteilen und mit Koriander bestreuen.

Scharfes Thai Rindfleisch

Soviel Zeit muss sein: 30 min

Portionen: 2

Schwierigkeit: leicht

Zutaten

- 4 grüne Thai Chilis
- 2 Knoblauchzehen
- 1 rote Thai Chili
- 1 rote Paprika
- 1 Frühlingszwiebel
- 1 kleine weiße Zwiebel
- 400 g Rindsfilets
- 2 EL Austernsauce
- 1 EL Fischsauce
- 1 TL Sojasauce dunkel
- 1 TL Palmzucker
- 1 Handvoll Thai Basilikum
- Kokosöl

Zubereitung

1) Das Filet in Streifen schneiden, die grünen Chilis waschen, putzen und grob hacken, die rote Chili waschen und schräg in Scheiben schneiden, den Knoblauch und die Zwiebel schälen, die Paprika waschen, entkernen und in Streifen schneiden, die Frühlingszwiebel waschen und schräg in Scheiben scheiden.
2) Nun den Knoblauch und die grünen Chilis im Mörser zerstampfen.
3) Den Wok mit etwas Kokosöl erhitzen und den Knoblauch und den Chili für ca. 20 Sekunden scharf anbraten, danach die Filets dazugeben, gut verrühren und nach 90 Sekunden wieder herausheben.
4) Die Zwiebel und die Paprika anbraten und die Fischsauce, die Austern-sauce, den Palmzucker und die Sojasauce beimengen.
5) Das Fleisch, das Zitronengras und das Basilikum in den Wok geben und nochmals für 1 Minute braten, mit Jasminreis servieren.

Gebratene Meeresfrüchte

Soviel Zeit muss sein: **20 min**

Portionen: **2**

Schwierigkeit: **leicht**

Pad Cha

Zutaten

- 300 g Meeresfrüchte Mix
- 1 Knoblauchzehe
- 4 Thai Chilis
- ½ grüne Paprika
- ½ rote Paprika
- 50 g Fingerwurz, Krachai
- 1 EL Fischsauce
- 1 TL Palmzucker
- 2 EL rote Chilipaste
- eine Handvoll Koriander
- Kokosöl

Zubereitung

1) Zunächst den Fingerwurz waschen und in feine Streifen schneiden, den Knoblauch schälen und fein hacken, die Chilis waschen und in feine Scheiben schneiden, die Paprika waschen, entkernen und in Streifen schneiden, den Koriander waschen und grob hacken.
2) Nun einen Wok mit etwas Kokosöl erhitzen und den Knoblauch mit dem Fingerwurz für ca. 20 Sekunden scharf anbraten, danach die Paprika mit den Chilis hinzufügen und unter ständigem Rühren eine halbe Minute braten, danach die Chilipaste beimengen.
3) Nun die Meeresfrüchte mit dem Palmzucker und der Fischsauce in den Wok geben und für ca. 5 Minuten braten, bis die Meeresfrüchte durchgegart sind.
4) Auf Teller anrichten, mit Koriander bestreuen und mit Jasminreis servieren.

Rotes Tofu Curry

Soviel Zeit muss sein: **30 min**

Portionen: **4**

Schwierigkeit: **leicht**

Zutaten

- 500 g Tofu
- 400 g Champignons
- 4 Schalotten
- 4 rote Paprika
- 1 grüne Thai Chili
- 4 EL rote Currypaste
- 4 EL Fischsauce
- 2 EL Palmzucker
- 1 Dose Kokosmilch
- Eine Prise weißer Pfeffer
- 1 Handvoll Koriander
- Kokosöl

Zubereitung

1) Die Champignons waschen und in Scheiben schneiden, die Schalotten schälen und in Scheiben schneiden, den Knoblauch schälen und fein hacken, die Paprika waschen, entkernen und in Streifen schneiden, die Chili waschen und schräg in Scheiben schneiden, den Tofu abtropfen lassen und in Würfel schneiden, den Koriander waschen und fein hacken.
2) Nun einen Wok mit Kokosöl erhitzen und die Currypaste darin für ca. 20 Sekunden scharf anbraten, danach die Schalotten und den Tofu hinzufügen, anschließend mit der Kokosmilch aufgießen.
3) Die Paprika und die Chili hinzugeben und für 4-5 Minuten weichgaren, danach die Champignons in den Wok geben und für 2-3 Minuten dünsten, mit dem Palmzucker und der Fischsauce abschmecken.
4) Auf Tellern anrichten und mit den Korianderblätter bestreuen. Dazu passt Jasminreis.

Gebratene Krabben Thai Style

Soviel Zeit muss sein: **20 min**

Portionen: **2**

Schwierigkeit: **leicht**

Zutaten

- 250 g Krabbenfleisch
- 2 Eier
- 2 Schalotten
- 1 Knoblauchzehe
- 1 Lauchzwiebel
- 2 EL Kokoscreme
- 1 EL Currypulver
- 1 EL Fischsauce
- 1 EL dunkle Sojasauce
- 1 EL Austernsauce
- Kokosöl

Zubereitung

1) Zunächst die Schalotten und den Knoblauch schälen, die Schalotten in Scheiben schneiden, den Knoblauch fein hacken. Die Lauchzwiebel waschen und in schräge Scheiben schneiden.
2) Nun einen Wok mit etwas Kokosöl erhitzen und die Schalotten mit dem Knoblauch anbraten. Nach einer Minute die Eier in den Wok schlagen und verrühren.
3) Danach die Saucen hinzufügen und einmal umrühren, die Krabben in den Wok geben und ein paar Minuten anbraten, je nachdem ob diese bereits vorgegart sind.
4) Als nächstes die Kokoscreme mit dem Currypulver einrühren. Zum Schluss die Frühlingszwiebel hinzufügen, nach einer Minute auf Teller anrichten und mit Jasminreis servieren.

Gegrilltes Rindfleisch mit Thai Dip

Soviel Zeit muss sein: **60 + 15 min**

Portionen: **2**

Schwierigkeit: **leicht**

Zutaten

- 400 g Steak vom Rind
- 2 EL Fischsauce
- 1 EL Sojasauce
- 1 Prise weißer Pfeffer

- Für die Sauce
- 1 Frühlingszwiebel
- 1 Schalotte
- 1 rote Thai Chili
- 2 EL Fischsauce
- 2 EL Tamarindenpaste
- 2 EL Wasser
- 2 TL gerösteter Reis, Khao Khua
- 1 TL Palmzucker

Zubereitung

1) Zunächst das Rindfleisch in eine Schüssel geben und mit der Fischsauce, der Sojasauce und einer Prise Pfeffer für ca. 1 Stunde marinieren.
2) Währenddessen für die Sauce die Frühlingszwiebel waschen und schräg in Scheiben schneiden, die Schalotte schälen und fein schneiden, die Chili waschen und ganz fein hacken.
3) Nun die Fischsauce mit der Tamarindenpaste, dem Wasser und dem Palmzucker in einer Schüssel gut vermengen, sodass sich der Palmzucker gut aufgelöst hat. Dann den gerösteten Reis, die Chili, die Frühlingszwiebel und die Schalotte hinzufügen und gut alles verrühren.
4) Wenn das Rindfleisch mariniert ist, dieses in einer Grillpfanne nach gewünschten Garpunkt braten, in Scheiben schneiden und mit der Sauce anrichten.

Gegrillte Thai Ente

Soviel Zeit muss sein: **60 min**

Portionen: **2**

Schwierigkeit: **leicht**

Ped Yaang

Zutaten

- 2 Entenbrüste
- 1 daumengroßes Stück Ingwer
- 4 Korianderstiele
- 4 Knoblauchzehen
- 2 Frühlingszwiebeln
- 1 EL helle Sojasauce
- 1 EL Fünf-Gewürze-Pulver
- 1 TL Salz
- 100 ml Wasser
- Kokosöl

Für die Sauce

- 1 EL Sojasauce hell
- 1 EL Austernsauce
- 2 TL gesalzene Sojabohnen
- 1 TL Palmzucker
- 100 ml Wasser

Zubereitung

1) Zuerst die Frühlingszwiebeln waschen und in Röllchen schneiden, den Knoblauch schälen und grob hacken, den Koriander waschen und fein hacken, den Ingwer schälen und in dünne Scheiben schneiden, die Entenbrüste waschen und trocken tupfen.
2) Für die Marinade etwas Kokosöl in einem Wok erhitzen und die Korianderstiele, den Ingwer, die Frühlingszwiebel, den Knoblauch, sowie die Sojasauce, das Fünf-Gewürze-Pulver und das Salz für ca. 1 Minute anbraten, danach mit dem Wasser aufgießen.
3) Anschließend in eine Schüssel geben, ein paar Minuten abkühlen lassen und dann die Haut der Entenbrüste etwas einschneiden und mit der Hautseite nach oben für 15-20 Minuten marinieren.
4) In einer Grillpfanne zuerst die Hautseite gut anbraten, danach die Fleischseite, je Seite ca. 6 Minuten, danach für 5 Min. in Alufolie packen.
5) Für die Sauce den Bratensaft in der Pfanne den restlichen Zutaten vermengen, den Zucker darin auflösen und ein paar Minuten leicht köcheln lassen. Die Ente in Scheiben schneiden und in der Sauce servieren.

Thailändischer Hühnereintopf

Soviel Zeit muss sein: **50 min**

Portionen: **2**

Schwierigkeit: **leicht**

Sa Too Gai

Zutaten

- 2 große Hühnerschenkel
- 3 Schalotten
- 3 Kartoffeln
- 2 Lorbeerblätter
- 2 Knoblauchzehen
- 1 Karotte
- 1 Dose geschälte Tomaten
- 30 g Mehl
- 3 EL Kokosöl
- 2 EL Tomatenmark
- 2 EL Palmzucker
- 1 EL Meersalz
- eine Prise weißer Pfeffer

Zubereitung

1) Zuerst die Schalotten schälen und in Scheiben schneiden, den Knoblauch schälen und fein hacken, die Karotte und die Kartoffeln schälen und in grobe Scheiben schneiden, die Hühnerschenkel waschen und trocken tupfen.
2) Nun die Hühnerschenkel in einer Schüssel mit dem Salz und einer Prise Pfeffer einreiben und 20 Minuten marinieren lassen, dann mit dem Mehl einreiben.
3) In einem Wok das Kokosöl erhitzen und die Schenkel anbraten bis sie etwas Farbe annehmen.
4) Einen großen Topf mit etwas Kokosöl erhitzen und darin den Knoblauch mit den Schalotten kurz anbraten, danach die Karotten und die Kartoffeln, alle restlichen Zutaten sowie die Schenkel hinzufügen und 5-6 Minuten kochen lassen.
5) Auf wenig Temperatur zurückdrehen und für eine halbe Stunde köcheln lassen. Nochmal abschmecken, in Schüsseln anrichten und mit Jasminreis servieren.

Scharfe Thai Fischfilets

Soviel Zeit muss sein: **30 min**

Portionen: **2**

Schwierigkeit: **leicht**

Yum Pla Yaang

Zutaten

- 400 g Markelenfilets, oder Dorschfilets
- 2 Stangen Zitronengras
- 2 Frühlingszwiebeln
- 3 Knoblauchzehen
- 3 rote Thai Chilis
- 1 Karotte
- 1 Limette
- 20 g geröstete Erdnüsse
- 4 EL Fischsauce
- 1 EL Palmzucker
- 1 Handvoll Minze
- 4-5 Korianderstiele
- Kokosöl

Zubereitung

1) Zunächst den Fisch waschen, die Karotte schälen und in feine Streifen schneiden, die Frühlingszwiebel waschen und in feine Röllchen schneiden, die Schalotten schälen und in Scheiben schneiden, die Minze waschen, den Koriander waschen und die Stiele von den Blättern trennen, die Stiele grob hacken, das Zitronengras schälen und in feine Ringe schneiden, die Chilis waschen und die Limette auspressen.
2) Eine Pfanne mit etwas Kokosöl erhitzen und den Fisch, je nach Dicke bei mittlerer Temperatur auf der Hautseite für 8-10 Minuten braten, in den letzten 2-3 Minuten auf die Fleischseite wenden.
3) In der Zwischenzeit 1 Knoblauchzehe mit den Chilis und den Koriander-stielen in einem Mörser zerstampfen.
4) Die Fischsauce mit dem Limettensaft und dem Palmzucker in einer Schüssel verrühren, sodass sich der Zucker auflöst, dann in den Mörser geben und verrühren. Nun in einer Schüssel mit allen restlichen Zutaten, außer den Karotten vermengen.
5) Die Karottenstreifen auf 2 Teller verteilen, die Fischfilets darauflegen, mit dem Dressing übergießen und mit den Korianderblätter bestreuen.

Panang Curry

Soviel Zeit muss sein: **25 min**

Portionen: **4**

Schwierigkeit: **leicht**

Gaeng Panaeng Muh

Zutaten

- 400 g Hühnerbrustfilets
- 3 Kaffirlimettenblätter
- 2 rote Thai Chilis
- 1 Handvoll geröstete Erdnüsse
- 1 Handvoll Thai Basilikum
- 400 ml Kokosmilch
- 4 EL Fischsauce
- 4 EL Panang Currypaste
- 1 EL Palmzucker

Zubereitung

1) Zunächst die Hühnerbrustfilets waschen und in Stücke schneiden, die Limettenblätter vom Strunk entfernen und in ganz feine Streifen schneiden, die Chilis waschen und schräg in Scheiben schneiden und die Erdnüsse im Mörser zermahlen, das Basilikum waschen und grob hacken.
2) Nun einen Wok mit etwas Kokosöl erhitzen und die Currypaste darin für ca. 30 Sekunden scharf anbraten, dann die Erdnüsse und den festen Teil der Kokosmilch dazugeben und verrühren.
3) Als nächstes das Hühnchen, die Limettenblätter, die Chilis, die Fischsauce, die restliche Kokosmilch und den Palmzucker in den Wok geben, für 3-4 Minuten garen, in der letzten Minute das Basilikum hinzufügen.
4) Abschmecken, auf Tellern anrichten und mit Jasminreis servieren.

Frittierte Shrimpsbällchen mit Bananenchili-Dip

Soviel Zeit muss sein: **30 – 40 min**

Portionen: **10 Stück**

Schwierigkeit: **leicht**

Zutaten

Für die Shrimpsbällchen

- 1 kleines Ei
- 120 g küchenfertige Shrimps
- 250 ml Chiliöl
- 1 Schalotte gewürfelt
- 1 Knoblauchzehe gewürfelt
- 1 Handvoll Koriander
- 1 Msp. Muskatnuss
- frisch gemahlener schwarzer Pfeffer

Für den Bananenchili-Dip

- 2 bis 3 Bananenchilis
- 1 in Scheiben geschnittene Schalotte
- 1 gewürfelte Knoblauchzehe
- ½ Limette
- 1 ½ EL Fischsauce
- ½ TL Palmzucker

Zubereitung

1) Die Schalotten und den Knoblauch sehr fein hacken. Das Chiliöl in einem Wok oder einer Wokpfanne erhitzen und den Knoblauch und die Schalotten darin für 30 Sekunden unter Rühren glasig anbraten. Dann herausnehmen und zur Seite stellen.
2) Die Shrimps sehr fein hacken und mit dem Koriander, den Schalotten- und den Knoblauchwürfeln in einem Standmixer pürieren. Dann das Ei, den Pfeffer und die Muskatnuss unterrühren. Aus der Masse Bällchen in Walnussgröße formen. Das Chiliöl im Wok auf etwa 175 °C erhitzen und die Shrimpsbällchen darin frittieren, bis sie goldgelb sind. Herausnehmen und auf Haushaltspapier abtropfen lassen.
3) In der Zwischenzeit für den Dip die Schalotte, den Knoblauch und die Bananenchilis in Scheiben schneiden oder würfeln. Den Saft aus der Limette pressen. Die Fischsauce in eine Schale geben und den Palmzucker und den Limettensaft unterrühren. Die Chilis, den Knoblauch und die Schalotte beifügen und alles gut vermischen. Zusammen mit den frittierten Shrimpsbällchen servieren.

Massaman Curry

Soviel Zeit muss sein: **30 min**

Portionen: **4**

Schwierigkeit: **leicht**

Thai Muslim Curry

Zutaten

- 4 Schalotten
- 2 Kartoffeln
- 400 g Hühnerbrustfilets
- 40 g geröstete Erdnüsse
- 1 Dose Kokosmilch
- 1 Zimtstange
- 2 EL Massaman Currypaste
- 2 EL Fischsauce
- 1 EL Palmzucker
- 180 ml Wasser
- Kokosöl

Zubereitung

1) Zunächst die Hühnerbrustfilets waschen und kleinschneiden, die Kartoffeln schälen, vierteln und für ca. 8 Minuten vorkochen sodass sie fast gar sind, die Schalotten schälen und in Scheiben schneiden, die Erdnüsse in einem Mörser zerstampfen.
2) Nun etwas Kokosöl im Wok erhitzen, die Currypaste hinzufügen und für ca. 20 Sekunden scharf anbraten, danach das Hühnchen dazugeben und für 2-3 Minuten anbraten.
3) Nun die Kokosmilch, die Zimtstange, die Schalotten, das Wasser und die Kartoffeln hinzugeben und für 6-8 Minuten leicht köcheln lassen.
4) 2 Minuten vor Ende der Garzeit die Fischsauce und den Palmzucker beimengen und umrühren.
5) Die Zimtstange entfernen, mit den Erdnüssen bestreuen und mit Jasminreis servieren.

Putenpfanne mit Erdnüssen und Galgant

Soviel Zeit muss sein: **30 – 40 min**

Portionen: **1**

Schwierigkeit: **leicht**

Zutaten

- 120 g Putenbrustfilet
- 100 g Enoki Pilze
- 2 bis 3 Lauchzwiebeln
- 1 Stück Galgant, 1 cm
- 1 EL ungesalzene Erdnüsse
- 1 TL Palmzucker
- Kokosöl
- frisch gemahlener weißer Pfeffer, alternativ schwarzer Pfeffer

Zubereitung

1) Die Erdnüsse grob zerhacken und im erhitzten Wok oder der Wokpfanne ohne Beigabe von Fett rösten, bis sie hellgelb sind. Herausnehmen und zur Seite stellen.
2) Das Putenbrustfilet abwaschen, trocken tupfen und in 1 cm große Würfel schneiden.
3) Das Kokosöl im Wok oder in einer Wokpfanne erhitzen und die Putenfleischwürfel darin anbraten, bis sie goldbraun sind. Herausnehmen, in eine Schüssel legen und warmhalten.
4) Die Enoki Pilze putzen und in kleine Stücke schneiden. Die Lauchzwiebeln waschen, abschwenken und in dünne Ringe hacken.
5) Den Galgant schälen und in feine Würfel schneiden. Die Enoki Pilze, die Lauchzwiebeln und den Galgant in den Wok geben und im übrigen Öl auf mittlerer Herdstufe für etwa drei Minuten in der Pfanne rühren. Die Putenwürfel mit dem aufgefangenen Fleischsaft untermengen.

Einfaches Grünes Curry

Soviel Zeit muss sein: 25 min

Portionen: 4

Schwierigkeit: leicht

Gaeng Kiaw Wan Poo

Zutaten

- 4 Thai Auberginen, Ma Khuea Pro
- 2 grüne Thai Chilis
- 400 g Schweinefleisch aus der Oberschale
- 3 EL grüne Currypaste
- 3 EL Fischsauce
- 2 EL Wasser
- 1 Handvoll Koriander
- 1 Dose Kokosmilch

Zubereitung

1) Zunächst die Auberginen waschen und vierteln, die grünen Chilis waschen und schräg schneiden, das Schweinefleisch abwaschen und in Würfel schneiden, den Koriander waschen und fein hacken.
2) Danach die Currypaste in einer Schüssel mit etwas Wasser verdünnen.
3) Nun einen Wok erhitzen und die Currypaste mit dem Fleisch ein paar Minuten andünsten, danach die Thai Auberginen und die Fischsauce hinzufügen und mit der Kokosmilch aufgießen.
4) Für ca. 5-6 Minuten kochen, bis das Fleisch gar ist.
5) Mit Fischsauce abschmecken, auf Teller verteilen und mit Koriander bestreuen. Dazu passt gedämpfter Jasminreis.

Gebratener Jasminreis mit Tintenfisch und rotem Curry

Soviel Zeit muss sein: **30 min**

Portionen: **1**

Schwierigkeit: **leicht**

Zutaten

- 1 Lauchzwiebel
- 1 Stange Zitronengras
- 1 Knoblauchzehe
- 1 kleine Schalotte
- 1 kleine Tomate
- 150 g Tintenfischringe
- 65 g Jasminreis
- 1 EL Fischsauce
- 1 TL rote Currypaste
- ½ TL gemahlene Galgantwurzel
- 1 Handvoll Koriander
- Kokosöl
- frisch gemahlener schwarzer Pfeffer

Zubereitung

1) Den Jasminreis für drei bis vier Minuten in kochendem Salzwasser garen, abgießen und abkühlen lassen, die Tomate waschen und in kleine Stücke schneiden. Die Tintenfischringe halbieren und vierteln und die Lauchzwiebel in dünne Ringe schneiden, die Schalotte und den Knoblauch schälen und sehr fein hacken, den Koriander waschen und fein hacken.
2) Das Kokosöl in einem Wok oder einer Wokpfanne erhitzen und den Knoblauch, die Schalotte und die rote Currypaste beifügen. Unter Rühren alles für 30 Sekunden garen. Den Tintenfisch dazu geben und etwa fünf Minuten garen lassen.
3) Die Tomaten, die Fischsauce, den Galgant, das Zitronengras sowie den schwarzen Pfeffer beifügen und das Ganze noch circa eine Minute unter Rühren erhitzen. Dann herausnehmen und warm gehalten zur Seite stellen.
4) Den abgekühlten Jasminreis in den Wok füllen und für eine Minute unter Rühren erwärmen. Die Lauchzwiebel unterrühren und alles mit rotem Pfeffer abschmecken. Danach die Tintenfischmischung beimengen und zum Schluss vor dem Servieren mit gehacktem Koriander würzen.

Grünes Tofu Curry

Soviel Zeit muss sein: **30 min**

Portionen: **2**

Schwierigkeit: **leicht**

Gaeng Khiao Wan Dtau Hu

Zutaten

- 200 g Tofu
- 80 g Bambussprossen
- 4 Thai Auberginen, Ma Khuea Pro
- 1 Handvoll Thai Auberginen, Ma Khuea Phuang
- 1 Dose Kokosmilch
- 3 EL grüne Currypaste
- 2 EL Sojasauce hell
- 1 EL Fischsauce
- 1 TL Palmzucker
- 1 Handvoll Thai Basilikum
- 1 Handvoll Koriander
- 100 ml Wasser
- Kokosöl

Zubereitung

1) Zunächst die Kräuter waschen und fein hacken, die große Auberginen waschen und vierteln, die kleinen Auberginen kurz abwaschen, den Tofu abtropfen lassen und in Stücke schneiden.
2) Einen Wok mit Kokosöl erhitzen und die grüne Currypaste darin für ca. 20 Sekunden scharf anbraten.
3) Danach mit der Kokosmilch ablöschen und den Tofu in den Wok geben, für ca. 1-2 Minuten kochen.
4) Dann die Thai Auberginen und den Bambus hinzufügen und gut verrühren, die Fischsauce, die Sojasauce, das Wasser und den Palmzucker beimengen und noch ein paar Minuten köcheln lassen. In der letzten Minute den Thai Basilikum hinzugeben.
5) Aus Teller verteilen, mit Koriander bestreuen und mit Jasminreis auf den Tisch bringen.

Fischpuffer mit Tilapia und Chili-Dip

Soviel Zeit muss sein: **30 bis 40 Minuten**

Portionen: **6 Stück**

Schwierigkeit: **mittel**

Zutaten

Für die Fischpuffer

- 1 kleines Ei
- 1 Kaffirlimettenblatt
- 125 g Tilapiafilet
- 40 g Schlangenbohnen
- 1 Stück Galgant, etwa 1 cm
- 1 ½ EL Erdnussöl
- ½ EL gewürfelter Knoblauch
- ½ EL gewürfelte Schalotten
- ½ TL Fischsauce
- ¼ TL gehacktes Zitronengras
- ¼ TL gehackter Koriander
- 1 TL Palmzucker
- schwarzer Pfeffer

Für den Chili-Dip

- 2 in Scheiben geschnittene Lauchzwiebeln
- 1 rote Chili
- 1 grüne Chili
- 1 gewürfelte Knoblauchzehe
- ¼ Limette
- 1 ½ EL Fischsauce
- ½ TL Palmzucker

Zubereitung

1) Schalotten und Knoblauch sehr fein hacken. Das Tilapiafilet abwaschen, trocken tupfen, in größere Würfel schneiden und pfeffern. Den Galgant schälen und fein zerhacken. Mit dem Knoblauch, den Schalottenwürfeln, dem Koriander, und dem Zitronengras in einen Mixer geben und pürieren. Aus der Masse mit der Fischsauce, dem Ei, Pfeffer und dem Palmzucker einen Teig herstellen. Das Kaffir-Limettenblatt waschen, die Mittelrippe entfernen und das Blatt in kleine Stücke schneiden.
2) Die Schlangenbohnen sehr fein schneiden und mit dem Limettenblatt und dem Fischgemisch verkneten. Aus dem Teig 6 kleine Puffer formen und flach drücken. Das Erdnussöl im Wok erhitzen und die Fischpuffer darin von jeder Seite etwa zwei Minuten braten, bis sie goldgelb sind. Herausnehmen und auf Haushaltspapier abtropfen lassen. Für den Chili-Dip die beiden Chilis, sowie die Lauchzwiebeln und den Knoblauch fein hacken und würfeln. Den Saft aus der Limette pressen. Die Fischsauce in eine Schale geben und den Palmzucker und den Limonensaft unterrühren. Die Chilis, die Lauchzwiebeln und den Knoblauch beifügen, alles gut vermischen und zusammen mit den Fischpuffern servieren.

Gebratener thailändischer Duftreis mit Lauch und Pilzen

Soviel Zeit muss sein: **40 min**

Portionen: **1**

Schwierigkeit: **leicht**

Zutaten

- 3 Lauchzwiebeln
- 1 Knoblauchzehe
- 1 ½ rote Thai Chilis
- 1 getrockneter Shiitake Pilz
- 1 Stück Galgant, 1 cm
- 75 g thailändischer Duftreis
- 50 g Enoki Pilze
- 50 g Mungobohnensprossen
- 15 g Schinkenspeck
- 3 ½ EL Asia Fond
- 1 Handvoll Thai Auberginen, Ma Khuea Phuang
- 1 EL Fischsauce
- ½ EL Sojasauce
- Kokosöl
- frisch gemahlener schwarzer Pfeffer

Zubereitung

1) Den Shiitake und die Enoki Pilze gründlich abwaschen und für 15 Minuten in Wasser quellen lassen. Den Duftreis für drei bis vier Minuten in kochendem Salzwasser garen, abschütten und in einer Schüssel abkühlen lassen. Den Schinkenspeck würfeln und die Chilischoten der Länge nach aufschneiden, entkernen und fein zerhacken.
2) Den Galgant schälen, in Würfel schneiden und den Knoblauch sehr fein hacken. Dann den Speck, den Galgant, die Chilis und den Knoblauch miteinander vermischen. Die Enoki Pilze fein schneiden. Die Lauchzwiebeln in feine Ringe schneiden.
3) Das Kokosöl in einem Wok erhitzen und die Speck-Chili-Mischung darin unter Rühren anbraten. Abgedeckt für eine Minute garen lassen. Die Enoki Pilze, den Shiitake, die Mungobohnensprossen und die Lauchzwiebeln beifügen und alles pfeffern. Die Erbsenauberginen dazu geben, mit dem Asia Fond auffüllen und das Ganze weitere zwei Minuten abgedeckt schmoren lassen. Alle Zutaten herausnehmen und warm gehalten zur Seite stellen. Den abgekühlten Duftreis in den Wok geben und ihn eine Minute unter Rühren anbraten, das Gemüse beimengen und abschließend mit Soja- und Fischsauce abschmecken.

Reisnudeln mit Wasserspinat und gelbem Thai Tofu

Soviel Zeit muss sein: **30 min**

Portionen: **1**

Schwierigkeit: **leicht**

Zutaten

- 1 rote Chilischote
- ½ rote Paprikaschote
- 1 Stück Galgant, 1 cm
- 175 g Wasserspinat (Morning Glory)
- 100 g gelber Thai Tofu
- 50 g Reisnudeln
- 75 ml Gemüsebrühe
- 1 EL Fischsauce
- 1 EL Sojasauce
- ½ EL gewürfelter Knoblauch
- ½ EL gewürfelte Schalotten
- 1 TL Limettensaft
- Kokosöl
- frisch gemahlener schwarzer Pfeffer

Zubereitung

1) Reisnudeln in gesalzenem kochendem Wasser für drei bis vier Minuten kochen und in ein Sieb abschütten. Den Wasserspinat fein hacken und den gelben Thai Tofu in Würfel von zwei Zentimeter Größe schneiden.
2) Die Paprika putzen, entkernen und in kleine Würfel schneiden. Die Chili der Länge nach aufschneiden, die Kerne entfernen in kleine Würfel hacken. Den Galgant schälen, fein zerhacken und gemeinsam mit der Paprika und der Chili mit Gemüsebrühe, Soja- und Fischsauce verrühren, die Tofuwürfel für 20 Minuten darin einlegen.
3) Das Kokosöl in einem Wok erhitzen und die trocken getupften Tofuwürfel darin unter Rühren braten, herausnehmen und warm gehalten zur Seite stellen. Etwas Kokosöl im Wok erhitzen, die Knoblauch-, Schalotten- und Paprikawürfel hineingeben und für 30 Sekunden unter Rühren garen.
4) Den Wasserspinat in den Wok geben und unter Rühren für eine Minute erwärmen und pfeffern. Den Limettensaft, die Tofumarinade, die Reisnudeln und die Tofuwürfel dazu geben und abgedeckt für 30 Sekunden schmoren lassen. Sofort servieren.

Barschfilet mit Ingwer-Auberginen-Gemüse

Soviel Zeit muss sein: **30 min**

Portionen: **1**

Schwierigkeit: **leicht**

Zutaten

- 1 Lauchzwiebel
- 1 getrocknete rote Chilischote
- 1 daumengroßes Stück Ingwer
- 200 g Thai Auberginen, Ma Khuea Pro
- 150 g Barschfilet
- 50 g Eiernudeln
- 50 g Kokosmilch
- 50 ml Gemüsebrühe
- Erdnussöl
- 1 Handvoll Koriander
- Saft und Schale einer Limette

Zubereitung

1) Die Thai Auberginen waschen und in feine Scheiben schneiden, die Lauchzwiebel waschen und in dünne Ringe schneiden, den Ingwer schälen und in kleine Stückchen zerhacken, die Chilischote im Mörser zermahlen, den Koriander waschen und fein hacken.
2) Das Barschfilet abwaschen, trocken tupfen und in gleichgroße Stücke schneiden. Die Fischstücke in etwa der Hälfte des Ingwers, der Limettenschale und des -safts sowie der Chilischote abgedeckt für circa zehn Minuten einlegen.
3) Das Öl im Wok oder einer Wokpfanne erhitzen, die Fischstücke hineingeben und von beiden Seiten je drei bis vier Minuten braten. Dann herausnehmen und warm stellen. Die Eiernudeln für drei bis vier Minuten in Gemüsebrühe weichkochen. Die Thai Auberginen, die Lauchzwiebel, den übrigen Ingwer und die restliche Chilischote im verbliebenen Öl anbraten. Kokosmilch und Gemüsebrühe dazu gießen. Die übrige Limettenschale und den -saft beifügen und das Ganze noch vier bis fünf Minuten abgedeckt schmoren lassen.
4) Den Koriander unterrühren und die gebratenen Barschfiletstücke und den Eiernudeln servieren.

Rotes Puten-Curry

Soviel Zeit muss sein: **20 min**

Portionen: **1**

Schwierigkeit: **leicht**

Gaeng Phed Gai

Zutaten

- 1 große, frische, rote Chilischote
- 1 Kaffirlimettenblatt
- 1 Schalotte
- 1 Knoblauchzehe
- 200 g Putenbrustfilet
- 100 ml Kokosmilch
- 1 EL rote Currypaste
- ½ EL Fischsauce
- 1 TL Reismehl
- 1 TL Palmzucker
- Kokosöl
- 1 Handvoll Koriander
- 1 bis 2 Stiele Thai Basilikum

Zubereitung

1) Das gesäuberte und trocken getupfte Putenbrustfilet in kleine Würfel schneiden, Reismehl hinzufügen und gut vermischen.
2) Das Kaffirlimettenblatt waschen, halbieren, die dicke Blattrippe entfernen und das Blatt in dünne Streifen schneiden, die Chilischote der Länge nach aufschneiden, die Kerne entfernen und die Schote fein zerhacken, die Schalotte und den Knoblauch schälen und fein hacken.
3) Nun das Kokosöl im Wok erhitzen, das Putenfleisch beigeben und unter ständigem Rühren anbraten.
4) Die Schalotten und den Knoblauch beifügen und die rote Currypaste, die Fischsauce, die Kokosmilch und den Palmzucker untermengen. Das Ganze für etwa eine Minute garen.
5) Den Koriander und das Basilikum abwaschen, trocken schütteln, einige Blätter in das Curry geben und servieren.

Pad Thai

Soviel Zeit muss sein: **20 min**

Portionen: **2**

Schwierigkeit: **leicht**

Pad Thai

Zutaten

- 150 g Garnelen
- 120 g Tofu
- 120 g Reisnudeln
- 100 g Mungobohnen-sprossen
- 30 g Erdnüsse, geröstet
- 20 g Schnittknoblauch
- 2 Eier
- ½ Limette
- Kokosöl
- 4 EL Pad Thai Sauce
- 1 TL Chiliflocken

Zubereitung

1) Zunächst die Reisnudeln für 10 Minuten in einer Schüssel mit warmen Wasser einweichen, die Erdnüsse im Mörser zerstoßen, den Schnittknoblauch waschen und in 2-3 cm lange Stücke schneiden, den Tofu abtropfen lassen und in kleine Würfel schneiden, die Garnelen waschen und vorbereiten, die Limette in Schnitze schneiden.
2) Nun in einem Wok etwas Kokosöl stark erhitzen und die Garnelen, den Tofu, sowie die beiden Eier hinzufügen und etwas verrühren. Danach die Reisnudeln hinzugeben und weiterrühren.
3) Nun 80 g der Mungobohnensprossen und den Großteil des Schnitt-knoblauch hinzufügen, einmal kurz durchrühren.
4) Als letztes die Pad Thai Sauce einrühren und auf Teller anrichten.
5) Die Limettenschnitze, die restlichen Mungobohnensprossen, sowie den restlichen Schnittknoblauch auf den Tellerrand platzieren und mit Chiliflocken und den Erdnüssen bestreuen.

Ingwer Hähnchenpfanne

Soviel Zeit muss sein: 20 min

Portionen: 2

Schwierigkeit: leicht

Gai Pad King

Zutaten

- 300 g Hühnerbrustfilets
- 2 Knoblauchzehen
- 2 Schalotten
- 1 Frühlingszwiebel
- 1 daumengroßes Stück Ingwer
- 1 rote Paprika
- ½ Brokkoli
- 2 EL Fischsauce
- 2 EL Austernsauce
- 1 EL Sojasauce
- 1 TL Palmzucker

Zubereitung

1) Die Hühnerbrustfilets waschen und klein schneiden, den Knoblauch schälen und fein hacken, die Schalotten schälen und grob hacken, den Ingwer schälen und in feine Stifte schneiden, den Brokkoli waschen und in kleine Röschen zerteilen, den Paprika waschen und in Stifte schneiden, die Frühlingszwiebel waschen und schräg in breite Scheiben schneiden.
2) Für die Sauce die Sojasauce mit der Fischsauce und der Austernsauce sowie dem Palmzucker in einer Schüssel vermengen.
3) Als Nächstes einen Wok mit etwas Kokosöl stark erhitzen und die Schalotten und den Knoblauch für ca. 1 Minute anbraten, das Hühnerfleisch hinzugeben und unter rühren 1-2 Minuten anbraten.
4) Nun die Paprika und den Brokkoli mit dem Ingwer und der Sauce beimengen und für ca. 4 Minuten weichdünsten, zuletzt die Frühlingszwiebel in den Wok geben.
5) Auf Teller anrichten und mit Jasminreis servieren.

Thailändische Chicken Wings

Soviel Zeit muss sein: **30 + 20 min**

Portionen: **2**

Schwierigkeit: **leicht**

Zutaten

- 250 g Hühnerflügel
- 15 g Tempuramehl
- 1 ½ EL Wasser
- Frittieröl
- 1 Prise Pfeffer und Salz

Für die Sauce

- 1 Frühlingszwiebel
- 3 EL Ketchup
- 1 EL Sesam
- 1 EL Chilisauce
- 1 EL Zucker
- 1 Prise Pfeffer und Salz
- 30 ml Wasser

Zubereitung

1) Zunächst die Hühnerflügel waschen und gut abtrocknen, in einer Schüssel mit etwas Salz und Pfeffer würzen und für 20-30 Minuten marinieren lassen.
2) In der Zwischenzeit die Frühlingszwiebel waschen und in feine Röllchen schneiden.
3) Das Tempuramehl in etwas Wasser auflösen und die Hühnerflügel damit einreiben, sodass sie überall damit bedeckt sind.
4) Einen großen Topf mit reichlich Öl erhitzen und die Chicken Wings goldbraun herausbacken.
5) Nun für die Sauce einen Wok erhitzen und das Wasser mit dem Ketchup, dem Zucker, dem Salz, der Chilisauce und dem Pfeffer unter Rühren erhitzen. Wenn die Sauce leicht köchelt, die Hühnerflügen hineingeben und von allen Seiten gut bedecken.
6) Zuletzt die Frühlingszwiebel und den Sesam unterrühren und anrichten.

Gebratener grüner Curryreis

Soviel Zeit muss sein: **25 min**

Portionen: **2**

Schwierigkeit: **leicht**

Zutaten

- 2 Hühnerbrustfilets
- 240 g gedämpfter Jasminreis
- 20 g Thai Auberginen, Ma Khuea Phuang
- 4 Thai Auberginen, Ma Khuea Pro
- 3 Kaffirlimettenblätter
- 2 rote Thai Chilis
- 1 Dose Kokosmilch
- 2 EL grüne Currypaste
- 2 EL Austernsauce
- 1 EL Fischsauce
- 1 EL Palmzucker
- 1 Handvoll Koriander
- Kokosöl

Zubereitung

1) Zunächst den Jasminreis zubereiten, die Auberginen waschen, dabei die großen vierteln, das Fleisch waschen und kleinschneiden, die Chilis waschen und schräg in Scheiben schneiden, die Limettenblätter waschen und in Stücke reißen, den Koriander waschen und grob hacken.
2) Als Nächstes das Fleisch in einer Schüssel mit der Austernsauce gut vermengen und zur Seite stellen.
3) Einen Wok erhitzen, die Kokosmilch hineingeben und kurz aufkochen lassen und die Auberginen und die Limettenblätter hinzufügen.
4) Nun den Zucker, die Fischsauce und den Zucker unterrühren. In etwa 5 EL der Sauce in eine Schüssel geben.
5) Den Jasminreis in den Wok geben, gut vermengen und zur Seite stellen.
6) Etwas Kokosöl im Wok erhitzen und das Hühnerfleisch darin anbraten bis es gar ist.
7) Den Reis auf Tellern anrichten, das Fleisch dazulegen, mit der Sauce beträufeln und mit Koriander bestreuen.

Morning Glory Curry mit Hühnerfleisch

Soviel Zeit muss sein: 20 min

Portionen: 2

Schwierigkeit: leicht

Zutaten

- 2 Hühnerbrustfilets
- 200 g Wasserspinat, Morning Glory
- 1 Dose Kokosmilch
- 2 EL Fischsauce
- 1 Limette
- 3 EL Zucker
- 4 Kaffirlimettenblätter

Für die Paste

- 1 TL Garnelenpaste
- 1 Handvoll Koriander
- 8 Stk. grüner Pfeffer frisch
- 2 Schalotten
- 2 Stangen Zitronengras
- 4 Knoblauchzehen
- 1 daumengroßes Stück Galgant
- 8 rote Chilischoten getrocknet
- 2 grüne frische Chili
- 1 Prise Salz
- Kokosöl

Zubereitung

1) Zuerst den Wasserspinat waschen und in 2-3 cm lange Streifen schneiden, das Fleisch waschen, trocknen und kleinschneiden, den Koriander waschen und die Stiele von den Blättern trennen, die Schalotten schälen und grob schneiden, den Knoblauch schälen, das Zitronengras schälen und in feine Scheiben schneiden, die grünen Chilis waschen, den Galgant waschen und in Scheiben schneiden, die Limette auspressen.
2) Für die Paste den Galgant mit den Korianderstielen, allen Chilis, den Schalotten, dem Knoblauch und den Pfefferkörnern gut zermahlen, anschließend mit der Garnelenpaste vermengen.
3) Nun einen Wok erhitzen und die Kokosmilch hinzugeben, wenn es anfängt zu kochen die Paste einrühren und danach das Hühnerfleisch und die Limettenblätter. Alles mit dem Limettensaft, der Fischsauce und dem Zucker abschmecken. Zuletzt den Wasserspinat für 2-3 Minuten mitkochen, mit dem Koriander bestreuen und mit Jasminreis servieren.

Scharfe Thai Muscheln

Soviel Zeit muss sein: 20 min

Portionen: 2

Schwierigkeit: leicht

Zutaten

- 800 g Miesmuscheln in der Schale, gut gewaschen
- 4 rote Thai Chilis
- 4 Knoblauchzehen
- 1/2 gelbe Paprika
- 1/2 rote Paprika
- 1 Handvoll Thai Basilikum
- 5 EL Kokosöl
- 4 EL Chilipaste
- 2 EL Fischsauce
- 1 EL Palmzucker

Zubereitung

1) Die Miesmuscheln gut abwaschen, die Paprika waschen, entkernen und in Streifen schneiden, den Basilikum waschen und grob zerteilen, den Knoblauch fein hacken, die Chilis waschen und grob schneiden.
2) Anschließend 5 EL Kokosöl in einem Wok stark erhitzen, die Knoblauchzehen und nach 10 Sekunden die Muscheln hinzugeben. Für ca. eine Minute scharf anbraten.
3) Nun die Chilis und den Paprika in den Wok geben und verrühren.
4) Die Fischsauce mit dem Zucker und der Chilipaste unterrühren und gut vermengen.
5) Das Basilikum in den Wok geben und noch einmal umrühren, vom Herd nehmen, anrichten und mit Jasminreis servieren.

Scharf angebratenes Hühnerfleisch

Soviel Zeit muss sein: **25 min**

Portionen: **2**

Schwierigkeit: **leicht**

Gai Pad Cha

Zutaten

- 10 frische grüne Pfefferkörner
- 2 Hühnerbrustfilets
- 4 Stk. Fingerwurz Krachai
- 3 rote Thai Chilis
- 3 Kaffirlimettenblätter
- 2 Knoblauchzehen
- 40 g grüne Bohnen
- 2 EL Austernsauce
- 1 EL Fischsauce
- ½ EL Sojasauce
- ½ TL Palmzucker
- 1 Handvoll Thai Basilikum
- Kokosöl

Zubereitung

1) Das Hühnerfleisch waschen und grob schneiden, das Krachai waschen und in Stifte schneiden, den Knoblauch schälen, den Basilikum waschen und die Blätter abzupfen, die Bohnen waschen und schräg in Stücke schneiden, die Chilis waschen.
2) In einem Mörser die Chilis mit dem Knoblauch zerstoßen.
3) Einen Wok mit etwas Kokosöl stark erhitzen und die Paste darin für ca. 20 Minuten anbraten, danach das Fleisch hinzugeben.
4) Nach einer Minute alle weiteren Zutaten bis auf das Thai Basilikum hinzufügen.
5) Nach 3 Minuten 1-2 EL Wasser beimengen und zuletzt das Thai Basilikum in den Wok geben. Noch einmal gut durchrühren und anrichten.

Betrunkene Nudeln

Soviel Zeit muss sein: **10 min**

Portionen: **2**

Schwierigkeit: **leicht**

Mama Pad Kee Mao

Zutaten

- 2 Pkg. Instant Nudeln
- 3 rote Thai Chili
- 2 Knoblauchzehe
- 1 chinesischer Brokkoli, Kai-lan
- 200 g Garnelen
- 80 g Babymais
- 2 EL Sojasauce
- 2 EL Austernsauce
- 1 TL Palmzucker
- 1 Handvoll Thai Basilikum
- Kokosöl

Zubereitung

1) Den Brokkoli waschen und grob schneiden, das Basilikum waschen und die Blätter abzupfen, die Garnelen und die Chilis waschen und in Scheiben schneiden, den Knoblauch schälen und fein hacken, den Babymais abwaschen und einmal teilen.
2) Anschließend die Instant Nudeln für 4 Minuten mit kochendem Wasser übergießen.
3) In einem Wok etwas Kokosöl erhitzen und das Gemüse hinzufügen und gut verrühren, danach die Garnelen, die Sojasauce, die Fischsauce und den Palmzucker hinzufügen und für 2-3 Minuten unter ständigem Rühren anbraten.
4) Nun die Nudeln hinzugeben und gut vermengen.
5) Zuletzt das Basilikum in den Wok geben, einmal gut verrühren und anrichten.

DESSERTS

Thai Donuts

Soviel Zeit muss sein: 180 min + 20 min

Portionen: 2

Schwierigkeit: leicht

Pa Thong Go

Zutaten

- 250 g Mehl, gesiebt
- ½ TL Trockenhefe
- 1 EL Palmzucker
- 1 TL Backpulver
- 1 EL Kokosöl
- 160 ml Wasser
- 1 Prise Salz
- Frittieröl

Zubereitung

1) Zunächst die trockenen Zutaten miteinander vermengen, das warme Wasser nach und nach hinzugeben, mit Frischhaltefolie bedecken und für 1 Stunde ruhen lassen. Umdrehen und zwei weitere Stunden gehen lassen.
2) Nun den Teig auf einer bemehlten Fläche ausrollen und ca. 3 cm lange und 1 cm breite Streifen schneiden, mit etwas Wasser befeuchten und jeweils 2 Streifen miteinander verkleben.
3) Das Frittieröl in einem Topf erhitzen und die Teigstücke darin goldgelb herausbacken, abtropfen lassen und servieren. Dazu passt gut ein Glas Milch oder Sojamilch.

Mungobohnen Nachtisch

Soviel Zeit muss sein: 180 + 25 min

Portionen: 2

Schwierigkeit: leicht

Tau Suan

Zutaten

- 100 g Mungobohnen, geschält
- 80 g Kokoscreme
- 20 g Kartoffelmehl
- 2 EL Zucker
- 1 TL Reismehl
- 360 ml Wasser
- 1 Prise Salz

Zubereitung

1) Zuerst die Mungobohnen waschen und anschließend für ca. 180 Minuten in warmen Wasser einweichen.
2) Danach für ca. 20 Minuten in einem Dampfgarer garen.
3) Nun einen großen Topf zur Hand nehmen, den Zucker und das Kartoffelmehl hinzugeben und nach und nach unter ständigem Rühren 360 ml kaltes Wasser hinzufügen. Den Topf bei wenig Hitze erwärmen und etwas eindicken lassen, weiterrühren.
4) Nun die Mungobohnen hinzufügen und noch ca. 1 Minute auf dem Herd lassen und in Schüsseln füllen.
5) Zuletzt die Kokoscreme mit dem Reismehl und einer Prise Meersalz in einer Schüssel vermengen und unter ständigem Rühren für ca. 2 Minuten in einem Topf erhitzen, danach über die Mungobohnen gießen und warm servieren.

Reisbällchen in Kokoscreme

Soviel Zeit muss sein: **30 min**

Portionen: **2**

Schwierigkeit: **leicht**

Bua Loy

Zutaten

- 200 ml Kokosmilch
- 90 ml Wasser
- 140 g Palmzucker
- 100 g Reismehl
- 1 Prise Meersalz
- Kokosflocken

Zubereitung

1) Zuerst das Reismehl in eine Schüssel geben und nach und nach das Wasser hinzufügen und zu einem Teig kneten.
2) Einen beschichteten Topf erhitzen und die Kokosmilch aufkochen. Danach den Zucker und eine Prise Salz hinzufügen und 4-5 Minuten köcheln lassen, umrühren damit sich der Zucker gut auflöst.
3) Aus dem Reismehlteig mit den Händen kleine Bällchen formen und ca. 9 Minuten in die Kokosmilch einlegen. Die Kokosmilch sollte dabei nicht mehr kochen, sondern nur noch knapp unter dem Siedepunkt sein.
4) Wenn die Bällchen an die Oberfläche kommen, in Schüsseln füllen, mit ein paar Kokosflocken bestreuen und warm servieren.

Goldenes Eigelb

Soviel Zeit muss sein: 10 min

Portionen: 2

Schwierigkeit: leicht

Foi Thong

Zutaten

- 170 g Kristallzucker
- 240 ml Wasser
- 3 Eigelb
- 1 Pandanblatt
- 1-2 Tropfen Thai Jasmin Extrakt

Zubereitung

1) Zunächst die Eigelbe verquirlen und durch ein Sieb gießen.
2) Danach einen großen Topf erwärmen und das Wasser, sowie den Zucker und das Pandanblatt erhitzen. Solange rühren, bis sich der Zucker vollständig aufgelöst hat, 1-2 Tropfen des Jasmin Extrakts hinzufügen.
3) Anschließend das Blatt entfernen, und das Eigelb durch ein feines Sieb in Kreisbewegung in den Topf leeren, dabei sollten feine gelbe Fäden entstehen. Das sollte mit einem kleinen und feinen Sieb erfolgen, damit die Fäden nicht zu dick werden.
4) Die Fäden für ca. 1 Minute im Topf lassen und dann mit einer Schaumkelle vorsichtig herausheben und in Schüsseln anrichten.

Gebackene Thai Bananen

Soviel Zeit muss sein: **10 min**

Portionen: **4**

Schwierigkeit: **leicht**

Zutaten

- 4 Bananen
- 90 g Reismehl
- 60 g Kokosraspeln
- 30 g Kartoffelmehl
- 2 EL Palmzucker
- ½ TL Backpulver
- 240 ml Wasser
- Frittieröl
- 1 Prise Salz

Zubereitung

1) Zuerst die Bananen schälen und in Scheiben schneiden.
2) Alle trockenen Zutaten miteinander vermengen und nach und nach das Wasser hinzufügen, sodass eine homogene Masse entsteht.
3) Einen Topf mit reichlich Öl erhitzen und die Bananenstücke zuerst in den Teig tauchen und dann goldgelb für ca. 3 Minuten herausbacken.
4) Abtropfen lassen und servieren.

Kürbis Milch Dessert

Soviel Zeit muss sein: **180 + 15 min**

Portionen: **2**

Schwierigkeit: **leicht**

Zutaten

- 200 g Butternusskürbis
- 600 ml Wasser
- 240 ml Kokosmilch
- 240 ml Kokoscreme
- 2 Pandanblätter
- 50 g Zucker
- 30 g Palmzucker
- 1 Prise Meersalz

Zubereitung

1) Zuerst den Kürbis schälen und in kleine Scheiben schneiden, danach für ca. 3 Stunden in Wasser einweichen lassen.
2) Anschließend einen Topf erhitzen, die Pandanlätter miteinander verknoten und dann die Kokosmilch mit dem Zucker, dem Palmzucker und den Pandanblättern hinzufügen.
3) Wenn sich der Zucker aufgelöst hat, den Kürbis in den Topf geben und für 8-10 Minuten leicht köcheln lassen.
4) Nun die Kokoscreme und eine Prise Salz einrühren und servieren.

Kokosreis mit Mango im Bananenblatt

Soviel Zeit muss sein: **35 min**

Portionen: **4**

Schwierigkeit: **leicht**

Zutaten

- 1 Dose Kokosmilch
- 125 g Milchreis
- 120 g Mango
- 40 g Macadamiakerne
- 80 g Mangomark
- 1 Bananenblatt
- Palmzucker
- 2-3 Zahnstocher

Zubereitung

Alternativ kann hier auch Klebreis genommen werden, jedoch verlängert sich dann die Kochzeit dementsprechend.

1) Den Reis mit Kokosmilch als Milchersatz garkochen, danach die Mango würfeln und die Macadamiakerne fein hacken.
2) Das Bananenblatt waschen und in Stücke auf eine Größe von etwa 25x25cm zuschneiden.
3) Danach den abgekühlten Kokos-Reis nach Belieben mit etwas Zucker süßen, in Form einer Rolle mittig auf das Bananenblatt legen. Zuerst mit den Mangostücken belegen, danach die Macadamiakerne darüber streuen.
4) Die kurzen Enden nach innen falten und dann die der langen Seiten nach oben mit Zahnstochern fixieren.
5) Vor dem Anrichten das Ganze in einer Grillpfanne bei wenig Temperatur ein paar Minuten erhitzen. Aus der Pfanne nehmen und etwas Mangomark darüber geben.

Bananenkuchen

Soviel Zeit muss sein: **30 min**

Portionen: **2**

Schwierigkeit: **leicht**

Khanom Kluay

Zutaten

- 2 Bananen
- 120 g Kokosflocken
- 40 g weißer Zucker
- 30 g Reismehl
- 20 g Palmzucker
- 10 g Tapiokamehl
- 70 ml Kokosmilch
- 1 Prise Meersalz

Zubereitung

1) Zunächst den Backofen auf 150 °C vorheizen.
2) Die Bananen schälen und gemeinsam mit dem Palmzucker mit einer Gabel zerdrücken, danach die Kokosmilch hinzufügen.
3) Anschließend das Reismehl, das Tapiokamehl und zuletzt die Kokosflocken beimengen.
4) Eine kleine Ofenform mit der Masse befüllen und für ca. 25 Minuten in den Ofen schieben.
5) In Portionen schneiden und genießen.

Gegrillte Bananen mit Kokossirup

Soviel Zeit muss sein: 20 min

Portionen: 4

Schwierigkeit: leicht

Klauy Ping

Zutaten

- 6 Bananen
- 180 ml Kokoscreme
- 100 g Palmzucker
- 20 g weißer Zucker
- ½ TL Meersalz

Zubereitung

1) Zunächst die Bananen schälen und schräg in 2-3 cm große Stücke schneiden.
2) Eine Grillpfanne erhitzen und die Bananen beidseitig ca. 8-10 Minuten anbraten, sodass sie eine Bräunung annehmen.
3) Währenddessen einen Topf erhitzen und die Kokoscreme mit dem Zucker und dem Salz unter ständigem Rühren bei wenig Temperatur erhitzen.
4) Das Sirup über die Bananen gießen und anrichten.

Melonen Kokosmilch Dessert

Soviel Zeit muss sein: 60 min

Portionen: 2

Schwierigkeit: leicht

Zutaten

- ½ Zuckermelone
- ½ Vanilleschote
- ½ Dose Kokosmilch
- 2 EL Palmzucker
- etwas Minze

Zubereitung

1) Zunächst die Melone schälen, entkernen und in Würfel schneiden und für 10 Minuten in das Eisfach legen, die Minze waschen und grob hacken.
2) Die Vanilleschote mit einem Messer der Längs nach aufschneiden und das Mark einer halben Vanilleschote herauskratzen.
3) Einen Topf erhitzen und die Kokosmilch darin erwärmen, dann den Palmzucker und das Vanillemark unterrühren, abkühlen lassen und für 15 Minuten in den Kühlschrank stellen.
4) Dessertschüssel anrichten, die Melonenstücke darin verteilen und mit der Kokosmilch aufgießen. Zuletzt mit den Minzblättern bestreuen und servieren.

Kokosmilchpudding

Soviel Zeit muss sein: 20 min

Portionen: 5

Schwierigkeit: leicht

Kanom Tuay

Zutaten

Für den unteren Teil
- 30 g Reismehl
- 30 g Palmzucker
- 120 ml Kokosmilch
- 30 ml Leitungswasser
- 1 EL Pfeilwurzelmehl
- 3 Tropfen Pandan Extrakt

Für den oberen Teil
- 1 EL Reismehl
- 120 ml Kokoscreme
- eine Prise Meersalz

Zubereitung

1) Für die obere Schicht, dafür alle Zutaten gut miteinander vermengen und durch ein Sieb gießen.
2) Für den unteren Teil das Wasser mit dem Extrakt vermengen, dann das Pfeilwurzelmehl, den Palmzucker, das Reismehl und die Kokosmilch verrühren und durch ein Sieb gießen.
3) Nun einen Topf mit Wasser, oder einen Dampfgarer erhitzen und 5 kleine Schälchen darin platzieren.
4) Danach die untere Masse auf die Schälchen verteilen und für ca. 5-6 Minuten im Wasserbad zugedeckt dämpfen lassen.
5) Anschließend den oberen Teil auf den unteren gießen und nochmals für 5-6 Minuten dämpfen.

Jackfruit Nachtisch

Soviel Zeit muss sein: **120 + 45 min**

Portionen: **4**

Schwierigkeit: **leicht**

Med Kanoon

Zutaten

- 240 ml Wasser
- 200 ml Kokosmilch
- 240 g Zucker
- 200 g geschälte Mungobohnen
- 100 g Zucker
- 3 Eigelb
- Frittieröl

Zubereitung

Dieses Dessert heißt übersetzt Jackfruit Samen, weil es so aussieht wie die Samen dieser Frucht, jedoch ist in dem Rezept keine Jackfruit enthalten.

1) Zuerst die Mungobohnen für 2 Stunden in Wasser einweichen.
2) Danach in einem Dampfgarer für ca. eine Vierteilstunde weich garen, und ein paar Minuten abkühlen lassen.
3) Anschließend mit einem Mixer die 100 g Zucker mit der Kokosmilch und den Bohnen verrühren, in einen Topf geben und bei mittlerer Temperatur ca. 12-15 Minuten köcheln, bis es eine Teigkonsistenz annimmt, danach kurz abkühlen lassen.
4) Danach die Masse zu kleinen Bohnen formen, ca. 1,5 cm dick und ca. 3 cm lang – ähnlich wie kleine Würstchen, solange bis der Teig aufgebraucht ist.
5) Die Eigelb in einer Schüssel aufschlagen, die Bohnen hinzugeben und ein paar Minuten durchziehen lassen.
6) Einen Topf erhitzen und 240 ml Wasser mit 240 g Zucker aufkochen, bis sich der Zucker aufgelöst hat und alles etwas eingedickt ist.
7) Nun die Samen in dem Sirup für ca. 5 Minuten köcheln lassen, herausnehmen und servieren.

Süßkartoffel mit Ingwer Sirup

Soviel Zeit muss sein: **20 min**

Portionen: **2**

Schwierigkeit: **leicht**

Mun Tom King

Zutaten

- ½ Süßkartoffel
- 200 g Kristallzucker
- 25 g Ingwer
- ¼ Liter Wasser

Zubereitung

1) Zunächst die Süßkartoffel schälen und in Würfel schneiden, danach den Ingwer schälen und in Scheiben schneiden, die Minze waschen und fein hacken.
2) Einen Topf mit dem Wasser erhitzen, den Zucker hinzufügen und so lange rühren bis sich der Zucker aufgelöst hat.
3) Danach die Süßkartoffel und den Ingwer hinzufügen und für eine Vierteilstunde einkochen lassen.
4) In Schüsseln verteilen und warm servieren.

Kokosnusseis

Soviel Zeit muss sein: **15 + 240 min**

Portionen: **2**

Schwierigkeit: **leicht**

Zutaten

- 250 ml Kokosmilch
- 70 g Palmzucker
- ½ Vanilleschote
- ½ Limette

Zubereitung

1) Zuerst die Limette waschen und die Schale abreiben sowie den Saft auspressen. Die Vanilleschote halbieren und eine Hälfte auskratzen.
2) Einen beschichteten Topf erhitzen und die Kokosmilch erhitzen.
3) Den Palmzucker hinzufügen und unter Rühren auflösen.
4) Zur Seite ziehen und das ausgekratzte Mark der Vanilleschote, sowie den Limettenabrieb und den Limettensaft hinzufügen und gut verrühren.
5) Abkühlen lassen und für 3,5-4 Stunden in das Gefrierfach stellen.

GETRÄNKE

Gurken Melonen Smoothie

Soviel Zeit muss sein: **10 min**

Portionen: **2**

Schwierigkeit: **leicht**

Zutaten

- 1 Zuckermelone
- 1 Stange Zitronengras
- ½ Gurke
- 200 ml Kokoswasser
- 2 Stangen Grünkohl
- ein paar Eiswürfel

Zubereitung

1) Zuerst die Melone schälen und entkernen, die Gurke und den Grünkohl waschen, das Zitronengras schälen und grob schneiden.
2) Alle Zutaten mit ein paar Eiswürfeln in einen Mixer geben und gut durchmixen.
3) Durch ein Sieb gießen und servieren.

Thai Icetea

Soviel Zeit muss sein: **50 min**

Portionen: **2**

Schwierigkeit: **leicht**

Zutaten

- 250 ml Wasser
- 60 ml Kokosmilch
- 1 Pkg. Schwarzer Tee
- 1 Sternanis
- 1 Nelke
- 1 EL Palmzucker
- 1 Kardamomkapsel
- ein paar Eiswürfel

Zubereitung

1) Zuerst die Kardamomkapsel mit einem Messer aufschneiden, oder mit einem Mörser zerstampfen und die Samen herausholen.
2) Einen Topf mit dem Wasser erhitzen, zum Kochen bringen und zur Seite stellen, den Sternanis, die Nelke, den Teebeutel und die Kardamom-samen hinzufügen, für 3-4 Minuten durchziehen lassen.
3) Den Teebeutel entsorgen und alles für ca. 40 Minuten abkühlen lassen.
4) Danach durch ein Sieb gießen und mit dem Palmzucker und der Kokosmilch in einem Mixer gut vermixen, mit Eiswürfel servieren.

Eistee mit Ingwer, Minze und Zitronengras

Soviel Zeit muss sein: **20 + 40 min**

Portionen: **2**

Schwierigkeit: **leicht**

Zutaten

- ½ Stange Zitronengras
- 1 daumengroßes Stück Ingwer
- 2 TL grüner Tee
- 2 EL Palmzucker
- ½ Liter Wasser
- etwas Minze
- ein paar Eiswürfel

Zubereitung

1) Zunächst den Ingwer schälen und in Scheibenform schneiden, das Zitronengras mit dem Rücken eines Messers zerschlagen, sodass sich die Aromen entfalten können, dann in 2-3 Stücke schneiden, die Minze waschen.
2) Einen Topf mit dem Wasser erhitzen und zum Kochen bringen.
3) Die Temperatur zurückdrehen und das Zitronengras, den Palmzucker und den Ingwer für ca. 12 Minuten leicht köcheln lassen.
4) Den Grünen Tee und die Minze hinzufügen und ca. 5 Minuten ziehen lassen.
5) Nun durch ein Sieb gießen und für ca. 40 Minuten abkühlen lassen, mit Eiswürfel servieren.

Avocado Smoothie „Streetfood Style“

Soviel Zeit muss sein: **10 min**

Portionen: **2**

Schwierigkeit: **leicht**

Zutaten

- 1 Avocado
- ½ Banane
- 2-3 EL Kondensmilch
- 120 ml Milch, oder Kokosmilch
- ein paar Eiswürfel

Zubereitung

1) Zuerst die Avocado teilen, den Kern entfernen und das Fruchtfleisch in einen Mixer geben, die Banane schälen und dazugeben.
2) Nun auch die Kondensmilch, die Kokosmilch und die Eiswürfel hinzufügen und alles gut durchmixen.

Eistee Roselle

Soviel Zeit muss sein: **30 min**

Portionen: **2**

Schwierigkeit: **leicht**

Zutaten

- 20 g Roselle getrocknet
- ½ Liter Wasser
- 30 g Kristallzucker
- ein paar Eiswürfel

Zubereitung

1) Zunächst die Roselle waschen und trocken tupfen.
2) Danach einen Topf erhitzen und einen halben Liter Waser darin zum Kochen bringen, die Roselle hinzufügen und einmal aufkochen.
3) Vorm Herd ziehen und den Zucker einrühren und rühren bis er sich auflöst.
4) Zum Schluss durch einen Filter leeren, abkühlen lassen und mit Eiswürfel anrichten.

Ananas Smoothie

Soviel Zeit muss sein: 10 min

Portionen: 2

Schwierigkeit: leicht

Zutaten

- ½ Ananas
- 200 ml Kokosmilch
- 1 EL Limettensaft
- ein paar Eiswürfel

Zubereitung

1) Zuerst die Ananas schälen und die hölzernen Augen wegschneiden.
2) Dann mit dem Limettensaft und der Kokosmilch, sowie ein paar Eiswürfel in einen Mixer geben und gut durchmixen.

Wassermelonen Drink

Soviel Zeit muss sein: **10 min**

Portionen: **2**

Schwierigkeit: **leicht**

Zutaten

- 500 g Wassermelone,
- 1 EL Honig
- 1 EL Limettensaft
- eine Prise Salz
- ein paar Eiswürfel

Zubereitung

1) Zuerst die Wassermelone schälen und grob in Stücke schneiden.
2) Mit den anderen Zutaten in einen Mixer geben und gut durchmixen.

Bananen Kokos Smoothie

Soviel Zeit muss sein: **10 min**

Portionen: **2**

Schwierigkeit: **leicht**

Zutaten

- 2 Bananen
- 250 ml Kokosmilch
- 120 ml Ananassaft
- ein Spritzer Limettensaft
- ein paar Eiswürfel

Zubereitung

1) Zuerst die Bananen schälen und grob schneiden.
2) Dann alle Zutaten in einen Mixer geben und gut durchmixen.

Mango Kokos Smoothie

Soviel Zeit muss sein: 10 min

Portionen: 2

Schwierigkeit: leicht

Zutaten

- ½ Mango
- ½ Limette
- 250 ml Kokosmilch
- 1 TL Palmzucker
- ein paar Eiswürfel

Zubereitung

1) Zuerst die Limette auspressen, die Mango schälen und in Stücke schneiden.
2) Zusammen mit der Kokosmilch, dem Palmzucker und ein paar Eiswürfel in einen Mixer geben und gut durchmixen.

Schlusswort

Nun seid Ihr, liebe Leserinnen und Leser, am Ende meines Kochbuches mit Rezepten und Tipps zur leckeren Thai Küche angekommen.

Hoffentlich habe ich die richtigen Rezepte für euch zum Nachkochen oder zumindest zum Inspirieren ausgesucht, denn thailändisches Essen bietet so viele köstliche Möglichkeiten, dass ich unmöglich alle hier anführen kann.

Mit mehr als 120 Rezepten habe ich mich bemüht, eine möglichst große Bandbreite thailändischer Gerichte abzudecken. Vom Klassiker bis hin zu etwas exotischeren Rezepten dürfte im Prinzip alles vorhanden sein, was die Fans von Thailands Küche interessiert. Dieses Kochbuch nimmt sich auch nicht heraus, wirklich alle Gerichte der Thai Küche vorstellen zu können – dazu sind es einfach zu viele. Ich habe diejenigen für euch herausgesucht, die sich leicht nachvollziehen lassen, einfach zuzubereiten sind und dem europäischen Magen guttun. Probiert Neues aus und wagt euch auch an völlig unbekannte Zutaten, denn Probieren geht bekanntlich über Studieren.

Darum wünsche ich mir sehr, dass die ausgewählten Thai Rezepte euch schmecken und dazu anregen, tiefer in die Welt der thailändischen Küche einzutauchen. Ihr werdet sehen – euer Speisezettel bekommt eine unendliche Bereicherung, ihr esst gesünder und nachhaltiger und ihr habt hoffentlich noch mehr Spaß am Kochen.

Eure *Sanya Saiyong*

Außerdem von uns erhältlich:

Die Sirtfood Diät Bibel – 160 geniale Sirtfood Diät Rezepte in einem Kochbuch für ein gesundes Abnehmen.

210 Seiten
15,2 x 22,9 cm
979-8630688576
https://amzn.to/34u2Rs3

Die Sirtfood Diät Formel für Einsteiger – 120 einfache Sirtfood Diät Rezepte für den perfekten Einstieg

168 Seiten
15,2 x 22,9 cm
979-8647729316
https://amzn.to/3dzUuio

Einfach Glutenfrei – 124 geniale Rezepte für eine glutenfreie Ernährung

161 Seiten
15,2 x 22,9 cm
979-8621433178
https://amzn.to/2UY7PtR

Gesunde Ernährung mit Avocado – Das Avocado Kochbuch - 111 trendige und gesunde Avocado Rezepte - inkl. Avocado Smoothies und Backrezepte.

148 Seiten
15,2 x 22,9 cm
979-8636230830
https://amzn.to/2xBtiQe

Rechtliches

Die Benutzung dieses Buchs und die Umsetzung der darin enthaltenen Informationen erfolgt ausschließlich auf eigenes Risiko. Der Verlag und auch der Autor können für etwaige Unfälle und Schäden jeder Art, die sich durch die Verwendung dieses Buches ergeben, aus keinem Rechtsgrund eine Haftung übernehmen. Haftungsansprüche gegen den Verlag und den Autor für Schäden materieller oder ideeller Art, die durch die Nutzung oder Nichtnutzung der Informationen bzw. durch die Nutzung fehlerhafter und/ oder unvollständiger Informationen verursacht werden, sind grundsätzlich ausgeschlossen. Rechts- und Schadenersatzansprüche sind daher ausgeschlossen.

Das Werk inklusive aller Inhalte wurde unter größter Sorgfalt erstellt. Der Verlag und der Autor übernehmen jedoch keine Gewähr für die Aktualität, Korrektheit, Vollständigkeit und Qualität der bereitgestellten Informationen. Druckfehler und Falschinformationen können nicht vollständig ausgeschlossen werden. Der Verlag und auch der Autor übernehmen keine Haftung für die Aktualität, Richtigkeit und Vollständigkeit der Inhalte des Buches, ebenso nicht für Druckfehler. Es kann keine juristische Verantwortung sowie Haftung in irgendeiner Form für fehlerhafte Angaben und daraus entstandenen Folgen vom Verlag bzw. Autor übernommen werden. Die Autoren behalten es sich ausdrücklich vor, Teile der Seiten oder das gesamte Angebot ohne gesonderte Ankündigung zu verändern, zu ergänzen, zu löschen oder die Veröffentlichung zeitweise oder endgültig einzustellen.

Impressum

cute cuisine wird vertreten durch

Hannes Müller

Eigenheimweg 39

1170 Wien

Österreich

Icons

Baking Icon, Bowl of white Rice Icon, Breakfast Icon, Chili Icon, Cup cake Icon, Dish Icon, Evernote Logo Sketch Icon, Ginger Icon, Great Buddha of Thailand Icon, Noodles free Icon, Pestle Icon, Rice Cooker Icon, Salad Icon, Salsa Icon, Serving Dish Icon, Soy Icon,Tapas Icon, Thatbyinnyu Temple Icon, Tiger Head Icon, Wok Icon

Icons made by Freepik (https://www.flaticon.com/authors/freepik) from www.flaticon.com (https://www.flaticon.com/)

Coverbilder

"Pad Thai noodles with prown" enviromantic | www.istockphoto.com

GRAFIKGUIDE – Christina Reinwald, BA | www.grafikguide.at

Printed in Germany
by Amazon Distribution
GmbH, Leipzig

21165284R00100